MÉMOIRE

SUR

LA GUIANE FRANÇAISE,

Par le Citoyen JACQUEMIN.

A PARIS,

Chez BAUDELOT & EBERHART, Imprimeurs-
Libraires, rue S.-Jacques, N° 30.

AN VII.

AVIS DE L'ÉDITEUR.

Le citoyen Jacquemin, auteur de ce Mémoire, né dans les environs de Sédan, département des Ardennes, a résidé dans la Guiane Française pendant vingt-deux ans. Il y a rempli avec succès les différentes missions dont l'ancien Gouvernement l'avoit chargé. Il y a été constamment honoré & chéri, tant par les habitans civilisés, que par les Indiens, qu'il a visités à plusieurs reprises. Il vient de terminer les affaires qui l'ont fait repasser en France, & il est actuellement occupé à Paris à préparer son retour à la Guiane. Cette colonie ne se présente à ses yeux que comme une terre de promission ; son vœu seroit d'y voir passer beaucoup de ses concitoyens, dont l'existance est pénible, & qui trouveroient dans la Guiane non-seulement des ressources assurées contre l'indigence, mais encore les moyens faciles de se procurer en peu d'années de l'aisance, & même de la richesse ; la nature en a fait & elle y prodigue les principales avances. La

Guiane deviendra un établiſſement floriſſant ſous tous les rapports, dès que ceux à qui le Gouvernement accordera quelques terres avec les premiers inſtrumens de culture, y porteront tant ſoit peu d'induſtrie, avec l'eſprit de travail & de la bonne conduite. Pluſieurs perſonnes qui ont entendu le citoyen Jacquemin, l'ont engagé à faire part au public de ſes penſées ſur la Guiane. Il vient de les écrire rapidement, & il nous a remis ſon Mémoire, parce qu'il ne lui reſte pas aſſez de temps pour en faire lui-même une rédaction plus ſoignée. Nous avons ſenti que pour l'agrément du Lecteur, il eût peut-être été néceſſaire d'en retoucher l'ordonnance & le ſtyle; mais nous avons penſé qu'il étoit préférable de lui conſerver ſa touche de ſimplicité & de bonhomie. C'eſt le vrai caractère de l'Auteur, & nous l'avons auſſi regardé comme le garant de ſa véracité.

MÉMOIRE

MÉMOIRE

SUR

LA GUIANE FRANÇAISE.

INTRODUCTION.

NE cherchant qu'à être utile, je ferai véridique, & dirai fimplement ma façon de penfer. Je ne citerai que ce que j'ai vu de mes propres yeux, & ce que l'expérience, qui eft le plus grand & le meilleur de tous les maîtres, m'a appris. L'habitude du climat, le long féjour dans le pays, les différentes courfes que j'ai faites chez les nègres émigrés de Surinam dans l'intérieur des terres de la Guiane, & à la recherche des nègres marons, & dans toutes les rivières de cette colonie, pour vifiter les Indiens, m'ont donné des connoiffances exactes de la vie, des mœurs, & du caractère des habitans & du fol de la Guiane

A

Française. Je dirai succinctement, 1°, ce qu'elle est en elle-même. 2°, ce qu'il faudroit faire, & comment il faudroit le faire pour en tirer le parti dont elle est susceptible. Je crois être certain que ceux de mes concitoyens, que le Gouvernement y feroit placer, & à qui il fourniroit les premiers fonds d'établissement, y deviendroient la source d'une grande population, & la base de la prospérité de la France équinoxiale. La mère patrie & le commerce y trouveroient leurs avantages : la patrie, en procurant à une partie de ses membres souffrans des moyens honnêtes & sûrs d'améliorer leur sort ; le commerce, en ce que la colonie étant plus peuplée, feroit plus de travail, & produiroit par conséquent plus d'objets à vendre ou à échanger.

PREMIERE PARTIE.

Du fol de la Guiane. Ses terres baffes &
fes terres hautes.

LA Guiane Françaife s'étend l'efpace d'environ cent lieues le long de la côte, depuis
la rivière Vincent-Pinçon, du côté des
Portugais, au fud, jufqu'à celle de Maroni,
du côté des Hollandais, au nord. Sa pro-
fondeur, dans le grand continent de l'Amérique, eft immenfe & n'a point de bornes
limitées. On peut l'étendre dans les terres
tant que l'on veut. Sur la côte, il y a beaucoup de terres baffes, dont le fol, felon
le rapport des connoiffeurs, eft même
meilleur que celui des terres de Surinam,
Barbiche & d'Émerari ; pour les rendre
productives, il faut les deffécher, comme
on l'a fait dans les colonies hollandaifes.
Les defsèchemens faits à Cayenne ont très-
bien réuffi, & font actuellement en revenu. Tout vient abondamment dans les
bas-fonds bien defféchés ; le riz, le mill,

les bananes, le coton, le café, l'indigo, le rocou, le cacao, mais fur-tout les cannes à fucre, qui, étant une efpèce de jonc, fe plaifent dans les lieux bas, & y viennent très-bien. Le fol de ces terres, imprégnées de fel, eft en quelque forte inépuifable. Quand on y a une plantation, c'eft un établiffement folide, ftable & permanent, à l'abri des viciffitudes & des détériorations qu'éprouvent quelquefois les terres hautes. Les habitans établis le long de la côte ont abondamment du poiffon de toutes efpèces, & l'avantage d'un tranf-port aifé, de leurs productions, par mer. Attenant à cette plage, il y a fur les der-rières, dans près des trois quarts de fa longueur, des prairies naturelles, appellées favanes; mais il n'y a que celles des can-tons de Kourou et Sinamari, qui foient paffablement fournies de bétail. Lorfque j'étois à Sinamari, j'en fis le relevé & je trouvai que celui de ce canton fe montoit à environ quatre mille têtes. Depuis le Pofte d'Iracombo jufqu'à Erganabo, village indien, il y a huit lieues de belles & bonnes favanes. Ce n'eft que depuis peu, fur le rapport que je fis de l'étendue & de la bonté de cette prairie, qu'on y fit passer quelques bestiaux ; elle peut en nourrir au moins cinq ou six mille. Depuis-là jusqu'à Maroni, il y a environ trente lieues de savanes ; mais cette partie n'est guère connue que des indigènes : il y a probablement aussi des savanes. Depuis Iracombo jusqu'à Sina-mari, il y a huit lieues de prairie, & douze de Sinamari à Kourou, qui en nourriroient aisément quinze ou seize mille. Dans celles d'Ouassa, depuis l'Oïapok jusqu'à Cachipoure, on pourroit y en élever environ vingt mille ; & depuis Cachipoure jusqu'aux pos-sessions portugaises, quarante ou cinquante mille. Ces prairies font excellentes &, comme l'on voit, d'une étendue immense. On peut, sans se méprendre, leur donner environ cinquante lieues de longueur sur la côte. Le bétail y réussiroit aussi bien que celui des établissemens portugais, auxquels elles confinent, & que celui que j'ai vu chez les Indiens à Makari & à Conani. Ainsi, voilà environ cent mille têtes de bétail qu'on peut élever dans les prairies de la Guiane : leur immense multiplication n'y feroit point à charge ; elle reflueroit, foit en nature, foit en cuirs ou en falaifons, dans les Antilles, où on a une communication facile & qui s'exécute en fort peu de temps, parce que les vents, la marée & les courans favorifent tellement la navigation, qu'on a été fouvent en trois ou quatre jours, de Cayenne à la Martinique, quoiqu'il y ait trois cents lieues de l'une à l'autre. On pourroit auffi multiplier dans ces prairies, les chevaux, les mulets & les buffles. J'ai vu dans les favanes de Sinamari, une jument élever cinq beaux poulins, dans un efpace de temps affez court ; & deux femelles avec un mâle buffle produire environ foixante élèves, fans que perfonne en prit foin. Les brebis, les chèvres & les cochons méritent auffi l'attention. Les brebis font ordinairement, tous les ans, trois petits, en deux portées. Les chèvres & les cochons multiplient beaucoup plus ; dans l'avant-dernière guerre, leur vente fe montoit annuellement, dans le quartier de Sinamari, à vingt mille francs. Les Martiniquois venoient avec des goëlettes en acheter des cargaifons. Rien n'empêcheroit qu'on y introduisît des éléphans, des chameaux, des dromadaires & d'autres animaux des pays chauds ; ils y réuffiroient probablement, & y ferviroient de bêtes de fomme. Quiconque a beaucoup de beftiaux, pofsède un bien qui s'accroît aifément & qui lui vient comme en dormant ; il augmente la nuit comme le jour, prefque à l'infu du maître, lequel n'a befoin ni d'écurie, ni de fourrage, ni par conféquent de magafin ; fon bétail paît, jour et nuit, dans les prairies ; la nature fait prefque tout, dans ces climats fortunés, pour les gens fages, dès qu'ils font laborieux & intelligens. Il n'eft pas rare de voir des habitans pafteurs, après un certain laps de temps, céder volontairement la place à de nouveaux colons. J'en ai vu plufieurs fe retirer après avoir fait fortune, car on peut regarder comme une fortune, foixante ou quatre-vingt mille francs d'épargne, fur-tout pour des hommes qui font arrivés dans la colonie avec rien, mais qui ont eu une bonne conduite.

Paffons aux terres hautes de l'intérieur. Pour être moins fertiles que les baffes, elles ne font pas pour cela à négliger, elles réuniffent de grands avantages; fi on n'y fait pas une fortune fi rapide, on y jouit d'une meilleure fanté, bien le plus précieux que nous puiffions avoir, & fans lequel tous les autres font peu de chofe. On y trouve des fources d'eau vive comme en Europe. On y refpire un air frais, pur & fain : il n'eft pas imprégné de parties vitrioliques & fulfureufes, ni des émanations narcotiques & méphétiques des marécages deffechés, dans les temps de la canicule, caufe des fièvres de différentes efpèces, qui règnent ordinairement dans cette faifon fur les côtes. Le tétanos, appellé à Cayenne mal de mâchoire, qui fait périr près de la moitié des enfans, & qui eft par conféquent un grand obftacle à la population fur les bords de la mer, y eft inconnu. Les négreffes marones, les Indiennes accouchent au grand air, fans prendre aucune précaution, & il ne leur arrive aucun accident fâcheux; de forte que fi on y faifoit paffer du monde, ce vafte pays feroit bientôt peuplé. On peut y établir plufieurs millions d'habitans, qui avec un peu de travail fe procureroient une vie douce & agréable. La chaleur y eft fupportable; on n'y a pas à fouffrir de la rigueur du froid, ni de la viciffitude des temps, des faifons, ni des jours & des nuits, qui font prefque toujours les mêmes. Les pintades, les pigeons, les canards, les dindes, & généralement toutes les efpèces de volailles, y viennent très-bien & s'y élèvent prefque d'elles-mêmes; les poules pondent & font des couvées toute l'année; le froid qui ne s'y fait jamais fentir, ne les en empêche pas. Quelques vaches, quelques chèvres & quelques porcs, donneroient le beurre, le lait, les fromages & le lard, dont on auroit befoin. La chaffe & la pêche font abondantes; la nature avec très-peu de travail y prodigue les oranges, les limons, les mangles, les citrons, les abricots, les corofols, les ananas, les fapotilles, les cerifes, les grenades, les piftaches, les pommes cannelles, les gouiaves, le gingembre, les monbins, & plufieurs autres fruits qui fe mangent cruds, & dont on fait auffi des confitures, des compotes & des marmelades. La plupart des légumes d'Europe avec ceux du pays, offrent, dans tous les temps de l'année, une nourriture faine, agréable & fubftantielle. Il n'y a point de vin à Cayenne, mais on y fupplée par la boiffon faite avec la canne à fucre, le riz, le mill, les bananes, le magnioc, les patates & autres fruits du pays. On peut cependant avoir du raifin toute l'année, mais cela demande une grande fujétion; il faut tailler la vigne chaque fois qu'elle a porté: & comme la végétation eft très-forte dans les pays chauds, il faut fouvent arrêter les branches, & ne laiffer au-deffus des grappes que deux ou trois feuilles pour les ombrager; ceux qui en prennent la peine, ont par ce moyen du raifin en tout temps. On fait dans la Guiane, trois ou quatre récoltes par an; trois ou quatre mois fuffifent pour la maturité de plufieurs grains, tels que le riz & le mill. On y a des arbres qui ont tout à-la-fois, des fleurs, des fruits verds & des fruits mûrs, qui fe fuccèdent continuellement. Il y a des fruits, tels que le pataoüa, le caumon, & des graines comme l'ouangle, & avec lefquelles on fait une huile auffi bonne que celle d'olive. Le moncaïa, l'aoüara , le maripa , & plufieurs autres arbres, portent des fruits qui donnent une huile moins bonne que celle dont je viens de parler , mais dont on ne laiffe pas de fe fervir; les nègres en font grand ufage pour affaifonner leurs ragoûts , & pour s'éclairer. Les tortues, les caoüanes, les efpadons, les requins , & autres gros poiffons qu'on pêche le long de la côte , donnent abondamment de l'huile à brûler. Il y a un arbre fort commun , appellé par les indigènes oüaoüarouchi , & arbre à fuif par les Français, avec le fruit duquel on fait des bougies qui éclairent très-bien. La gomme du mâni, fort commun dans les bas-fonds , étant fondue & mêlée avec de l'huile de carapas, lequel eft auffi fort commun dans ces mêmes bas-fonds , a la propriété , par fa grande amertume , d'éloigner tous les infectes des embarcations , & de les garantir de la piqûre des vers ; cet objet mérite l'attention du Gouvernement , par la grande utilité dont il peut être à la marine & au commerce. On tire de l'arbre appellé pekia , une graiffe bonne à faire la friture , & à remplacer le beurre dans tous les ufages de la cuifine ; les amandes de ce fruit, fe mangent auffi en manière de cerneaux. La vanille vient naturellement dans les bois, fur les troncs des arbres. On pourroit auffi avoir la cochenille comme dans le Mexique ; nous avons l'arbre qui la nourrit, il ne faut que des perfonnes entendues pour en tirer parti. Outre les bois de conftruction, nous avons toutes les efpèces de ceux qui s'emploient aux plus beaux ouvrages & à la teinture ; l'ébène vert & noir, le bois fatiné & marbré ; le bois de l'ètre, le bois jeaune, rouge & violet. La pitte, qui fe tille comme le chanvre, avec laquelle les Indiens font des cordes, des lignes & des hamacs, & les Portuguais des bas, des gants & de la dentelle ; cette pitte, dont on tire un fil fin comme de la foie, & qu'on peut employer aux mêmes ufages, vient naturellement & fi facilement, qu'elle eft comme le chardon du pays. Le fromager & quelques autres arbres, qui produifent une efpèce de ouate, fe multiplient de bouture, & en peu de temps ; le citoyen Fidmond, gouverneur de la Guiane, en faifoit, tous les ans, ramaffer pour les faire paffer en France. Il y a des terres propres à faire des briques, des tuiles, de la poterie, de la faïance, & même d'auffi belle porcelaine que celle de la Chine. Enfin, les productions médicinales, dont on a befoin pour maintenir ou rétablir fa fanté, ne font pas moins communes à Cayenne que celles qui fervent à la fubfiftance & aux agrémens de la vie. Le pays ne manque pas d'eaux minérales & ferrugineufes, il produit le copahu, le racouchini, le tamarin, la caffe, l'ipécacuana, le fimarouba, la fquine, la falfepareille, le gaïac, le faffafras; la pareirabrava, la gomme élémi, la gomme animée, le quaffi, efpèce de kina excellent pour la fièvre, & beaucoup d'arbres naturels, tant fébrifuges que vermifuges; des arbuftes & des fimples en grand nombre, & d'une qualité fupérieure; car les plantes, comme tout le monde fait, ont plus ou moins d'efficacité, à proportion de leur éloignement, ou de leur proximité de l'aftre vivifiant. Enfin, la Guiane eft un vafte continent, dont on tireroit le plus grand parti, s'il étoit plus peuplé. Toutes les produ. ctions de Cayenne furpaffent en qualité celles des autres colonies. Son coton a une foie plus belle, plus longue & plus fine ; fon café approche du moka. Ce pays abonde en toutes fortes de chofes rares & curieufes. On y voit des oifeaux qui charment la vue, par l'admirable variété & la rare beauté de leurs plumages. Tout y vient facilement & fans beaucoup de culture ; la terre eft couverte d'arbres de hautes futaies, & peut-être de plus de cent efpèces différentes, dont quelques-uns même n'ont pas encore de noms propres. Quand vous demandez comment s'appelle tel arbre, on vous répond c'eft du bois. Il y en a qui ont fans doute une valeur ignorée, mais qui doit être confidérable, à en juger par les fruits, & par l'abondance des fucs & des gommes qu'ils produifent. Il y a quantité de mines de fer, qu'il faudroit exploiter, ne fût-ce que pour y confommer le bois qui y eft fi commun, qu'il nuit par fa grande quantité. Il y a probablement auffi des mines d'or, d'argent & d'autres richeffes enfermées dans le fein de la terre, comme au Pérou, au Mexique & au Bréfil, auquel il confine. Des Indiens qui avoient travaillé aux mines du Pâra, m'ont affuré qu'il y avoit de l'or dans les montagnes derrière Makari, village qu'ils habitent. Dans le quartier de Sinamari, on trouve fur la côte du véritable grénat, & une efpèce de diamant. Le citoyen Fidmond, ancien gouverneur de la Guiane, en avoit fait tailler pour des boucles de fouliers, de jartières, des boutons de manche, & pour une garniture de vefte; ces pierres étoient jolies & très-luifantes. Le citoyen Patrice, médecin-botanifte, a trouvé des paillettes d'or, des calcédoines dans l'exploitation qu'il a faite d'une partie de la Guiane Françaife, en remontant l'Oïapoc & defcendant le Maroni. Plufieurs voyageurs ont rapporté que fur certaines montagnes, très-nombreufes dans la Guiane, la bouffole étoit dans une agitation continuelle; il y a donc ou de l'aimant, ou des métaux, ou enfin quelque chofe d'extraordinaire. Que ce foit de l'or, de l'argent ou des pierreries, ce n'eft pas ce qui eft le plus important; les vraies richeffes font la culture de la terre, comme le donnoit à entendre à fes enfans, le bon vieillard dont il eſt parlé dans les fables de l'inimitable Lafontaine.

Les terres hautes de la Guiane ſont en général comme celles des autres pays : il y en a de bonnes, de médiocres & de mauvaiſes ; mais cependant plus de bonnes que de mauvaiſes. J'ai été à portée d'en juger dans les différentes courſes que j'ai faites dans l'intérieur des terres. J'y ai fait plus de cent lieues, en différentes courſes, pour aller à la recherche des nègres marons ; j'en ai déterminé, par la voie de la religion, de la douceur & de la perſuaſion, environ cent, en différentes repriſes, à retourner chez leurs maîtres, quoique pluſieurs fuſſent dans les bois depuis plus de ſoixante ans, & que pluſieurs autres y fuſſent nés (1). J'ai gravi ſoixante-ſeize montagnes dont pluſieurs étoient tellement eſcarpées qu'il auroit été impoſſible d'en atteindre le ſom-

---

(1) Le citoyen Leſcallier, chef de bureau au département de la marine & des colonies, alors commiſſaire ordonnateur de la Guiane Françaiſe, & le citoyen Pomme, député de la Guiane, au corps légiſlatif, ſont des témoins oculaires de ce que je rapporte, & peuvent en rendre témoignage.

met, si elles n'avoient pas été boisées. J'ai observé entre ces montagnes d'excellens vallons, dans lesquels le riz, le mill, le roucou, le café, l'indigo, les cannes, le cacao & tout ce qu'on y plantera, ne pourra manquer d'y réussir. J'ai vu plusieurs hautes & longues montagnes sur lesquelles les caféiers se plairoient merveilleusement bien, & où on pourroit en cultiver plusieurs millions de pieds qui fourniroient de quoi charger tous les ans plusieurs bâtimens. Les Indiens qui me servoient de guides, m'ont dit que cette chaîne de montagnes s'étendoit jusqu'à plus de cent lieues dans les terres en remontant vers le fleuve des Amazones. Chez les nègres émigrés de Surinam, qui s'étoient établis sur nos terres, & chez qui j'ai été envoyé plusieurs fois par le Gouvernement, j'ai trouvé des vivres de toutes espèces, en grande abondance. J'ai vu aussi dans les villages indiens des cotoniers et des roucouïers beaucoup plus grands & plus gros que ceux des côtes. La température un peu froide de l'intérieur, est un obstacle à l'ouverture des cabosses ; mais s'il y avoit un plus grand espace de découvert, elles ouvriroient mieux. Quoique les cotoniers fussent embarrassés & ombragés par d'autres arbres, les Indiens récoltoient assez de coton pour se faire des lits, qu'ils appellent hamacs, & pour les autres usages dont ils ont besoin. A plus forte raison, réussiroient-ils entre les mains d'hommes plus laborieux, plus actifs & plus industrieux. Les nouveaux colons qui s'y établiroient, seroient à la vérité privés du pain que l'on mange en Europe, jusqu'à ce que la récolte de quelques denrées précieuses les eût mis en état d'en acheter; mais le riz ne leur manqueroit pas : & pourquoi cette production, qui nourrit les trois quarts des hommes dans l'Asie & l'Afrique, ne les nourriroit-elle pas aussi dans l'Amérique ? D'ailleurs ils auroient la nourriture qu'ont tous les habitans peu aisés du pays : c'est la cassave, la farine de manioc ou couac; ils auroient de plus le mill, les ignames, les bananes & les patates de toutes espèces. Ces diverses nourritures sont toutes agréables & saines, & conviennent peut-être mieux dans ce climat que celles d'Europe. Si absolument

ils veulent du pain de froment, ils s'en pro-
cureront aifément moyennant de l'argent;
& pour avoir bientôt de l'argent, ils n'ont
qu'à plantet des gérofliers, des mufcadiers,
des cannelliers & des poivriers; ils croiffent
fi facilement & fi généralement que dans
la fuite la Guiane fera couverte de ces
épiceries. J'ai vu fous des arbres, à quelque
diftance du jardin national de Cayenne,
où il y a des cannelliers, plus de deux cents
jeunes plants provenus des graines que le
vent ou les oifeaux y avoient portées. J'ai vu
quelques gérofliers avantageufement placés,
rapporter chacun environ cinquante livres
de clous par an, & la livre fe vendoit dix
ou douze francs. Dans quelques années,
la Gabriel, habitation de la république,
rapportera, felon l'eftimation des connoiffeurs, annuellement trois cents mille francs.
Les épiceries s'y trouvant à-peu-près à la
même latitude que les pays d'où on les a
tirées, réuffiffent mieux qu'à Ceylan & aux
Moluques, & y font d'une qualité fupérieure. Quand je vifitai cette habitation,
elle avoit déja ramaffé trente milliers de
clous; à fix francs feulement la livre, cela

donne un produit de cent quatre-vingt mille francs. Si la Guiane Françaife ne fournit pas aujourd'hui au commerce, une plus grande quantité de livres de clous, c'eft parce que l'ancien gouvernement voulut s'approprier cette culture. Les gérofliers que quelques habitans avoient obtenus, lorfqu'ils furent apportés de l'Isle de France, à Cayenne, profpérèrent à merveille : quand ils commencèrent à donner des femences, dites dans le pays, matrice, chacun s'en procura, par-tout on en fit des pépinières; & déja quelques habitans en avoient commencé des plantations, lorfqu'une ordonnance barbare enjoignit à tous les cultivateurs, fous peine de groffes amendes, de tranfporter dans un dépôt, tous les plants qu'ils avoient ; mais au lieu d'obtempérer à cet ordre tyranique, la majeure partie les fit périr de dépit. La Guiane mérite de la part des citoyens Directeurs fuprêmes, & du citoyen Miniftre des colonies, la plus grande confidération. Il n'en eft pas de la France équinoxiale comme des autres colonies de la république, qui font limitées & circonfcrites par la mer ; elle fait partie d'un vafte & immenfe continent. On peut en tirer des cèdres, des grignons, des acajoux & peut-être de plus de cent efpèces différentes de bois propres à conf-truire des vaiffeaux. On peut en outre y former des établiffemens auffi grands que toute la France, moyennant protection & liberté. La culture & l'éducation des beftiaux en feront une fource inépuifable de richeffes, & pour les citoyens, & pour tréfor public.

SECONDE PARTIE.

Apperçu des moyens à employer pour tirer partie de la Guiane.

Pour mettre promptement en rapport le vaste terrein de la Guiane Françaife, il me femble qu'il faudroit, 1°, accorder quelques fecours aux pauvres habitans déja établis dans le pays, pour les mettre en état de faire de plus grandes entreprifes. La plupart d'entre eux font les reftes infortunés de la colonie de Kourou, trop fameufe par fes confidérables & infructueufes dépenfes : ils ont des titres particuliers à la bienfaifance du Gouvernement. Ces habitans créoles ou créalifes, & par conféquent faits au climat du pays, ne font pas fujets aux mêmes inconvéniens que les Européens, il y a beaucoup plus à compter fur eux : 2°, déterminer un certain nombre d'Européens à y paffer. Il conviendroit de n'y envoyer d'abord que des gens faits à la fatigue, aux travaux de la campagne, & à l'éducation du bétail. Quand il y en auroit une quantité suffisante pour former les premiers établissemens, qui serviroient de modèle aux autres, on y enverroit indistinctement tous ceux qui seroient de bonne volonté. Les côtes ne manquent pas d'habitans, il n'est, à présent, question que de peupler l'intérieur des terres ; les arrivans y jouiroient d'une bien meilleure santé, que s'ils se fixoient au débarquement sur les bords de la mer : jusqu'à présent on n'a habité que la partie la plus insalubre de la Guiane. On n'y a, le plus souvent, pour les usages journaliers, que de l'eau saumâtre, à laquelle on ne s'accoutume que difficilement, tandis que dans les terres on trouve, en tout temps, des sources d'eau vive & douce, comme en Europe. On n'y est point assailli par des essaims de mouches-tiques, de maringouins, ni d'insectes de mille espèces différentes, qui tracassent & tourmentent sans cesse dans les terres-basses près de la mer ; on y respire un air plus frais, plus pur & plus sain. Pour commencer, il suffiroit de former deux établissemens ; l'un dans le nord, sur la rive de

Sinamari , & l'autre dans le fud fur celle d'Oïapoc, dans les lieux les plus convenables, & qui réuniroient le plus d'avantages. Il faut les placer à l'abri du vent du nord, à mi-côte, pour être hors de l'eau, dans les temps de pluies abondantes dans ce pays; auprès d'une fontaine & d'un courant, pour avoir de la bonne eau, & jouir des commodités des embarcations. On nommeroit un officier de fanté, un ingénieur agraire, & quelques anciens colons, experts dans la connoiffance du fol, pour faire choix du local; ce choix fait, il faudroit, un an d'avance, abattre le bois pour donner au foleil le temps d'attirer & diffiper toutes les exhalaifons mal-faines des endroits nouvellement défrichés ; laiffer debout tous les arbres à fruits; à leur défaut, de diftance en diftance, quelques grands arbres pour ombrager & donner une certaine humidité au fol; c'eft une précaution effentielle dans un climat auffi chaud. Les abattis faits feroient plantés, dans la faifon, en vivres du pays de toutes efpèces, comme magnoc, riz, mill , bananes , patates , ignames, ananas, ouangles , tabac ; & enfuite

fuite on conftruiroit les logemens ; ils ne coûtent pas beaucoup, ils font communément en bois groffièrement travaillés. Ces bois fe tirent des abattis avant d'y mettre le feu ; on les couvre de larges & longues feuilles, très communes dans le pays. Comme dans la Guiane, les vents viennent prefque toujours de la partie de l'eft, & qu'il eft néceffaire d'avoir beaucoup d'air dans les pays chauds, on placera les maifons toutes fur la même ligne du nord au fud ; chaque maifon fera compofée de deux appartemens, chacun de quatre mètres carrés, avec une galerie de deux mètres de largeur devant & derrière. Pour empêcher la communication du feu en cas d'incendie, & pour éviter les rixes & les différens entre les voifins, on laiffera, entre chaque maifon, un efpace de huit mètres qu'on partagera par moitié entre les deux voifins. Sous le vent, à l'oueft & à douze mètres du corps-de-logis, on placera toutes les cuifines fur un même alignement ; chaque cuifine fera de quatre mètres carrés, fans galerie : enfuite des cuifines, on prendra vingt-cinq mètres de terrein dans l'oueft, pour faire autant de jardin que de maison. Le jardin sera entouré de toute part, à compter de la partie antérieure de la maison, ce qui fera un enclos qui comprendra maison, cuisine & jardin; devant & derrière les maisons, on alignera un ou deux rangs d'arbres fruitiers, pour donner de la fraîcheur & des fruits; on réunira par là, l'utile à l'agréable. Au bout d'un an, on y installera les habitans qu'on aura l'attention de ne faire arriver dans la colonie, s'ils viennent d'Europe, que vers le commencement des pluies, en novembre ou décembre, pour leur donner le temps de s'acclimater peu à peu, avant les chaleurs. On mettra dans chaque maison, un ménage à qui on fera pendant dix-huit mois, les avances des vivres; s'ils sont sur les prairies, on leur donnera en prêt, pour neuf ans, six vaches ou genisses, qu'ils remettront au bout de ce temps, en même nature & quantité, pour être données aux mêmes conditions, à d'autres colons. Quand il y aura un certain nombre de personnes entendües, & au fait du bétail & des travaux de la campagne, on admettra indistinctement toutes fortes de perfonnes, fur-tout des artifans, mais pas plus de cent par an, pour ne pas tomber dans le même inconvénient que du temps de la colonie de Kourou, qui périt prefque toute entière faute de ces préliminaires effentiels, & dont les malheurs ont mis Cayenne & la Guiane en fi mauvaife réputation. Les prairies du nord de la Guiane Françaife, font affez bien garnies de bétail; mais celles du fud en manquent. Il y en avoit à Makari & à Conani, mais dans cette dernière guerre, les Portugais l'ont détruit dans différentes incurfions qu'ils ont faites fur nos terres. Si la paix étoit faite, il feroit aifé de s'en procurer des rives de l'Amazone, avec la permiffion de la cour de Lisbonne; ce feroit le moyen le plus sûr, le plus aifé, & le moins difpendieux; il ne fouffriroit ni du tranfport, ni du changement de local, nos favannes étant contiguës à celles des Portugais, chez qui le bétail eft fi commun, que le plus gros bœuf ne vaut qu'une piaftre. Il conviendroit même de former nos premiers établiffemens dans la proximité des leurs, on en tireroit enfuite le bétail pour les autres. Il feroit bon d'avoir, dans les commencemens, des pâtres portugais ou efpagnols pour former les nôtres, & les mettre au fait de ce genre d'économie rurale, dont la réuffite dépend des commencemens. Une attention à avoir, c'eft de ne laiffer fubfifter dans chaque ménagerie qu'un petit nombre de mâles. Quand ils font en trop grande quantité, ils font périr les femelles & nuifent à la propagation. Il n'y a pas long-temps qu'on laiffoit encore à Cayenne le bétail dans fon état naturel, & qu'on s'eft avifé de remédier aux inconvéniens qui en réfultoient. Il exifte encore une pratique infiniment vicieufe & qu'il eft urgent de réformer, c'eft de mettre le feu dans les favanes comme on fait ordinairement, tous les ans, fur la fin de la canicule : cet ufage eft préjudiciable aux habitans & aux prairies mêmes ; aux habitans, en ce que le feu porté au loin par le vent, réduit fouvent en cendres plufieurs maifons ; aux prairies, en ce qu'il détruit non-feulement les femences des bonnes herbes, mais encore les racines & en fait périr l'efpéce : il ne refte que

quelques mauvaises & dures plantes éloi-
gnées les unes des autres, cause de la dé-
térioration des prairies, car il s'en faut de
beaucoup qu'elles soient aujourd'hui ce
qu'elles étoient il y a un certain nombre
d'années; elles dépérissent tous les jours,
& cela par la mauvaise coutume qu'on a
de les brûler. Le sol étant à découvert, est
desséché & comme calciné par l'ardeur du
soleil extrêmement grande en été, sous la
Zône Torride ; & dans la saison des pluies,
qui sont très-abondantes dans ce pays, l'eau
emporte non-seulement les cendres qui auroient réparé une partie du mal, mais encore
la superficie de la terre ; au lieu que si on
n'y mettoit pas le feu, la terre seroit couverte & à l'abri de l'action du soleil & de
celle des pluies ; les herbes qui resteroient
se convertiroient du moins en engrais dans
les temps humides. Les savanes qu'on ne
brûle pas, font une preuve sans réplique
de cette vérité, puisqu'on les voit constamment couvertes d'une pelouse belle &
épaisse. Outre le parcours des savanes, il
faudroit que chaque pasteur eût un certain
espace de terrein proportionné à son bétail,

entouré & planté en herbe de Guinée, pour en donner aux veaux tenus attachés à l'abri du foleil & de la pluie. Par ce moyen, on apprivoiferoit les petits, les mères & tout le bétail qui ne manqueroit pas de fe rendre au parc tous les foirs, s'il y trouvoit de quoi manger. Cette herbe, qu'on appelle herbe de Guinée, parce que c'eft de-là qu'on l'a tirée, reffemble a des épis de bled verd ; elle eft très-bonne pour les beftiaux en général, & fe plaît à Cayenne. J'en ai vu de deux mètres de hauteur. On pourroit auffi y introduire de France, du trefle, du fainfoin, de la luzerne, &c, foit de plants, foit de graine. Des plants mis en caiffe, bien foignés, feroient plus fûrs ; la graine pourroit s'avarier dans la traverfée. Il feroit auffi utile de naturalifer dans la colonie des plants de tous les arbres d'Europe, furtout de ceux qui viennent des pays chauds, comme pêchers, cerifiers, damas, abricotiers, différentes efpèces de pruniers, & des plants d'Afrique & d'Afie. S'il y a trop de difficultés à apporter des plants, on peut fe contenter de graines, mais il faut les arranger avec foin & précaution, fans cela elles se gâteroient dans le transport. Le moyen est de les serrer dans une double ou triple enveloppe de papier que l'on trempera trois ou quatre fois dans de la cire fondue, de manière que l'air extérieur ne puisse y pénétrer. Qu'on ne dise pas qu'il en a été envoyé dans le temps de la colonie de Kourou, rien de tout ce qu'on a entrepris dans ce temps-là, n'a réussi. Pour recevoir ces plants à leur arrivée, il faudroit un jardin national un peu éloigné de la côte, pour que l'air salin & les coups de vent de mer ne leur nuisissent point : il seroit assez grand pour servir de jardin botanique où on mettroit quelques pieds des arbres & des simples du pays, qui ont le plus de vertus & de propriétés ; il serviroit aussi à recevoir ceux qu'on feroit venir des pays étrangers. Il seroit d'une grande utilité au bien général, qu'une nation philantrope & bienfaisante, comme la nation Française, doit avoir en vue. Ces arbres des pays étrangers réussiroient à Cayenne : le peu qu'on y a introduit en est une preuve incontestable. Les gérofliers, les mangliers y portent de meilleurs fruits que dans l'Inde, d'où ils ont été tirés. Si les derniers plants qu'on a fait venir de l'Isle de France, sont morts, le climat de Cayenne n'en est pas cause. Certains agens de l'ancien gouvernement ont fait tout ce qu'il falloit pour les faire périr : plusieurs pensent que celui qui présidoit à cette opération, avoit été gagné pour cela par les Hollandais. Les arbres étoient bien encaissés & en bon état à leur arrivée dans la colonie : au lieu de les laisser dans les caisses, à l'ombre, pendant tout l'été, & de ne les mettre en pleine terre qu'au commencement des pluies, on les y a mis dans le plus fort de la chaleur; encore si on les eût enterrés avec les caisses, sans les arracher, comme je ne pus m'empêcher de le dire au jardinier dans le temps de l'opération, on en auroit sauvé au moins la majeure partie : mais non, on les arracha & replanta sans précaution; le jardinier convint que j'avois raison ; mais il ajouta qu'il étoit obligé de se conformer aux ordres qu'on lui avoit donnés. Combien de raisons de gémir de pareils abus! Ces arbres venoient de loin, ils avoient coûté beaucoup à l'état, & étoient très-précieux pour la colonie.

Moyen de peupler facilement & en peu de temps la Guiane Françaife.

Pour mettre promptement en valeur le vafte & immenfe terrein de la Guiane Françaife, & en tirer tout le parti dont il eft fufceptible, il faudroit établir des ménageries dans les favanes, & former des établiffemens de culture dans les endroits boifés; en cela on ne feroit que fuivre l'indication de la nature. Cela n'empêcheroit pas d'avoir du bétail dans les lieux deftinés à la culture, ni de faire des plantations dans ceux deftinés à élever du bétail. C'eft aujourd'hui le règne de la liberté, chacun eft maître de fes volontés, pourvu qu'elles ne foient pas contraires à la loi, ni préjudiciables à autrui. Mais les planteurs doivent être favorifés & privilégiés dans les lieux deftinés à la culture, & les pafteurs dans ceux deftinés pour l'éducation du bétail. Ainfi donc, comme des légiflateurs doivent étendre leurs vues, nonfeulement fur le préfent, mais encore fur l'avenir, & ne confidérer que le bien général, faifant abftraction des avantages ou des défavantages de quelques particuliers, ils doivent décréter que le centre de la colonie, depuis la rive gauche de l'Oïapoc jufqu'à la droite de Kourou, fera pour la culture de la terre ; & les deux extrémités, favoir, le nord depuis la rivière de Kourou jufqu'à celle de Maroni; & le fud depuis la rivière d'Oïapoc jufqu'aux poffeffions portugaifes, pour l'éducation du bétail : que ceux qui voudront avoir des animaux dans le centre défigné pour la culture, feront obligés de les faire garder, & refponfables de tous les dommages qu'ils cauferont : que ceux qui voudront s'adonner à la culture dans les extrémités défignées pour l'éducation du bétail, feront tenus de fe garder & fe garantir, fans pouvoir prétendre à aucun dédommagement pour le tort qu'il leur aura caufé, ni le maltraiter en aucune manière. Par-là, on évitera toutes difcuffions entre les planteurs & les pafteurs : c'eft le moyen le plus fûr pour peupler en peu de temps toute la Guiane Françaife. Les capitaliftes fe placeront dans le centre, où on leur donnera des conceffions tant qu'il y aura du terrein ; & ceux qui auront moins de moyens fe mettront pafteurs fur les extrémités, où on leur fera les avances d'une certaine quantité de têtes de bétail, qu'ils remettront au bout de fept ou huit ans, pour être redonnées à d'autres aux mêmes conditions. Par ce moyen, les cultivateurs & les pafteurs feroient tous réunis, les uns dans le centre, les autres fur les extrémités, & ne feroient plus, comme auparavant, ifolés & éloignés les uns des autres, hors d'état de fe prêter les fecours mutuels dont les hommes ont réciproquement befoin...

Pour accélérer le revenu, il faudroit que la grande Nation fît les avances néceffaires pour la conftruction du canal commencé dans la plaine de Kau. Dans des temps plus reculés, nos defcendans feroient celui depuis l'Approuague jufqu'à l'Oïapoc. Dans cettedite plage de Kau, on placeroit des milliers d'habitans qui monteroient de riches fucreries, dont les produits chargeroient annuellement quantité de bâtimens, qui feroient tout à-la-fois, l'avantage de la mère patrie & de la colonie...

Moyen sûr d'établir en peu de temps l'intérieur des terres de la Guiane Française.

Il seroit aisé de former, en peu de temps, & sans beaucoup de dépenses de grands établissemens dans l'intérieur des terres de la Guiane Française ; pour cela, il ne faut que la protection & la faveur du Gouvernement, pour les indigènes, les nouveaux citoyens, & tous ceux qui voudront s'y fixer. Là l'air n'est pas enflammé comme sur le sable brûlant dè la côte ; il est pur, sain, & même si froid pendant les nuits, qu'il faut se bien couvrir. Il y a des forêts naturelles de cacao ; les Portugais viennent tous les ans en faire la récolte, aussi bien que de la salsepareille, du bois crabe, dit des quatre épices, qu'ils nous vendent ensuite fort cher. Il y auroit beaucoup à compter sur ces gens faits au climat de la Zône Torride ; ils se multiplieroient considérablement, comme je l'ai déja fait voir, & formeroient de bons établissemens. Avant cette dernière guerre, il y avoit à Makari une bourgade d'environ trois cents Indiens, tous fort industrieux, actifs &

laborieux ; ils faifoient une pêche affez confidérable de lamantins dans les lacs ; ils cultivoient beaucoup de vivres qu'ils venoient vendre à Cayenne ; ils conftrui-foient des canots, des pirogues, & autres belles & bonnes embarcations, qu'ils vendoient dans toute la colonie. Il y avoit auffi d'autres miffions d'Indiens à Conani, au-deffus d'Oïapoc, & plufieurs autres villages dans la colonie. Il y a dans la Guiane Françaife, plus de trente nations différentes d'Indiens, mais elles font difperfées, les unes d'un côté, les autres d'un autre, & ifolées fur les montages, à-peu-près comme les finges fur les arbres ; ces pauvres malheu-reux font dans des tranfes continuelles, & ne favent à qui fe fier ; ils n'ont guère confiance qu'aux miffionnaires, encore faut-il qu'ils les connoiffent bien, & qu'ils les aient éprouvés avant de fe livrer. On les vexe, on les molefte de toutes parts ; les Français leur manquent de fidélité dans les traités ; avant la révolution, la majeure partie des blancs étoit envers les rouges & les noirs, comme font encore les Juifs envers ceux qui ne font pas de leur nation ;

ils croyoient qu'il leur étoit permis de trom-
per & d'attraper impunément tous ceux
qu'ils pouvoient. Dans le nord, les Hollandais fourniffent des armes & des muni-
tions aux Indiens, leurs voifins, pour aller
faire la guerre à ceux qui font fur nos terres,
aux conditions qu'ils viendront vendre leurs
prifonniers à Surinam ; de plus, des Hollandais fe mettent en calimbé, fe rougiffent
le corps avec du rocou, enfin prennent
le coftume indien, & marchent avec eux
à cette guerre, pour avoir des prifonniers
pour vendre, ou pour leur fervir d'efclaves :
je tiens cela des Indiens mêmes. Dans le
fud, les Portugais prennent tous ceux
qu'ils peuvent attraper, & les font travailler aux mines. Dernièrement ils vinrent
à Makari, Ouaffa & Conani, fur nos terres,
enlever femmes, enfans, & tous les Indiens
qu'ils purent prendre ; voila les véritables
caufes de la dépopulation de notre Guiane,
& les chofes iront toujours de mal en pis
tant qu'il n'y aura perfonne de prépofé par
le Gouvernement, pour travailler à la
réunion de ces êtres ainfi difperfés, & pour
veiller à ce qu'on ne les vexe, les maltraite,

& qu'on ne vienne pas les attaquer ainsi, & leur faire impunément la guerre chez nous. Quand ils feront sûrs d'y pouvoir vivre tranquilles & en paix, alors il fera aifé de les raffembler & en former des communes ; pour accélérer cette réunion, il faudroit leur donner des conceffions autant que la localité le permettra ; leur faire les avances des inftrumens aratoires, comme haches, ferpes, houes. Avant le décret de la liberté, la plupart des colons blancs accoutumés à dominer par tout & fur tout, étendoient leur tyrannie fur-tout ce qui les entouroit : les Indiens ennemis de l'efclavage & de la fervitude, n'étant pas d'humeur à fouffrir leur mauvaife foi, ni leurs injuftices, s'éloignoient & fe retiroient dans les terres, à mefure qu'ils approchoient d'eux ; aujourd'hui, que les chofes font changées, s'il y avoit quelques Las-cafas, quelques bons inftituteurs, qui méritaffent par la régularité de leur conduite, la confiance de ces bonnes gens, de ces malheureux Indiens fauvages, il feroit facile de les raffembler & de former en peu de temps, une nombreufe peuplade dans la partie intérieure de la Guiane Françaife. Si les nègres marons Hollandais & Portugais, déja fur nos terres, les uns dans le nord, les autres dans le fud, favoient qu'on voulût leur donner du terrein, & les laiffer en liberté dans cette partie de nos terres, ils s'y rendroient bien vîte, & y feroient bientôt fuivis d'un très-grand nombre d'autres; car, outre ceux qui font déja depuis long-temps fur nos terres, comme je viens de dire, il y a encore fur les terres des Hollandais, dans un endroit appellé Saramaka, affez mauvais terrein, environ quarante mille nègres, qui fe font procuré, par force, la liberté : ils fe rendroient volontiers fur nos terres, fi le Gouvernement Français vouloit le leur permettre & leur accorder des conceffions dans nos terres qui font incultes. Plufieurs me témoignèrent ce defir dans les différentes fois que je fus, de la part du Gouvernement, chez leurs voifins établis fur nos terres ; par ce moyen toute notre Guiane feroit bientôt cultivée ; nous en tirerions le meilleur parti poffible dans les circonftances actuelles. Avant mon départ de la colonie, un grand nombre de nouveaux citoyens de Cayenne, m'avoient proposé d'aller avec eux former un établif-fement dans les terres au-deffus d'Oïapoc ; fi j'y retournois , ils perfifteroient proba-blement dans les mêmes fentimens. Peut-être auffi que les Africains , connoiffant la bonté de nos terres, la juftice & la douceur de notre Gouvernement, viendroient par bandes s'y établir, fi on leur procuroit des occafions.

Moyen infaillible d'exciter l'amour du travail & de la patrie.

Il faut établir une parfaite égalité , & laiffer à chaque citoyen de quelque couleur qu'il foit , blanc, rouge ou noir, la pleine & entière liberté de difpofer, conformément aux loix de la République , des productions de fon terrein & des fruits de fon induftrie. Il n'y aura plus dans les colonies, de fi grandes & de fi rapides fortunes qu'avant la révolution. Mais qu'eft-ce que cela fait à l'état, pourvu qu'on tire parti du fol, & qu'on faffe autant de revenu ? J'ofe affurer que dans la fuite on en fera beaucoup plus ; mais fuppofé qu'on n'en faffe pas tant, il n'y aura pas non plus tant de malheureux, ni tant de victimes facrifiées à la cupidité, à la paffion & au defir infatiable d'amaffer de l'argent par toutes fortes de moyens. Laiffer indiftinctement à tous les citoyens, la liberté d'exercer leur profeffion, s'ils en ont une, ou de fe louer à qui bon leur femblera, à raifon de tant par jour, par femaine, par mois ou par an, comme font les journaliers, les domeftiques & les ouvriers en France; ou de travailler pour leur compte, & faire valoir les petits terreins que plufieurs fe font procurés par leur induftrie, leur travail & leur économie, ou ceux que des maîtres reconnoiffans ont donnés à leurs ci-devant efclaves. Enfin, laiffer jouir paifiblement & tranquillement les nouveaux citoyens, du doux & ineftimable bienfait de la liberté; ne pas les forcer, comme on fait à certains endroits, à travailler pour les anciens colons, pour quatre, cinq ou fix fous par jour, tandis que quand ils ont quelque chofe à faire, les blancs leur demandent quatre, cinq ou fix francs. Où eft donc la liberté & l'égalité? En quoi les fait-on confifter? C'eft

une fervitude auffi dure que l'efclavage.
Si on continue, il eft à craindre que dans
ces colonies, il n'y ait quelque commotion;
& les fréquentes & violentes fecouffes,
ébranlent & renverfent quelquefois, les
corps civils & politiques, comme les phy-
fiques. On dit qu'il faut que les nouveaux
citoyens travaillent : fans doute il le faut »
la République en leur donnant la liberté,
n'a fûrement pas eu intention de faire de
mauvais fujets, & ils le deviendroient bientôt s'ils ne faifoient rien, l'oifiveté étant
l'ennemie de toutes les vertus, & la mère
de tous les vices. Ainfi donc, bien loin d'empêcher de travailler pour leur compte ceux
qui ont du terrein, on devroit au contraire
en donner, autant qu'il feroit poffible, à
ceux qui n'en ont pas; ce feroit le vrai
moyen d'exciter leur émulation, & de leur
infpirer l'amour du travail & de la patrie.
Et tout individu, qui fans caufe légitime
& fans bonne raifon, ne cultiveroit pas
annuellement, felon les règles de l'agriculture, un quarré, tâche ordinaire des ci-
devant efclaves, feroit privé du droit de
colon, & obligé de s'engager avec d'autres

citoyens, & de travailler conformément aux fages, réglemens qui feroient faits par les agens de la République, de concert avec les anciens habitans de la colonie, les plus experts. Outre la culture d'un quarré, planté en productions coloniales les plus convenables au fol, felon la décifion des commiffaires entendus, nommés à cet effet, chaque citoyen habitant fera un abattis pour des vivres, comme magnoc, riz, bananes, ignames, patates, taïes, &c, autour de fa maifon ou à proximité; il aura un jardin dans lequel il y aura quelques mangliers, orangers, gérofliers, caféïers, palma-chrifti, &c, pour fe procurer des douceurs à lui, fa femme & fes enfans. Les infpecteurs auront grand foin dans leurs vifites, que ces objets ne foient pas négligés, parce que les climats chauds portent naturellement à l'apathie, à l'indolence; & les reffources abondantes en tous genres pour la vie & l'entretien, y étant très-communes, la plupart des habitans ne feroient que des vivres pour leur nourriture, s'il n'y avoit pas une efpèce de contrainte, & s'ils n'étoient aftreints à la culture d'une certaine portion de terre. On doit regarder les nouveaux citoyens, en fait de culture, comme de jeunes enfans dans un collége; ils ne s'appliquent & ne font leurs devoirs que par crainte.

Moyens sûrs de connoître & tirer avantage de la Guiane Françaife.

Pour bien connoître les terres de la France équinoxiale, & tirer le plutôt poffible, parti & avantage de fes riches & précieufes productions, il faudroit que le Gouvernement les fît parcourir & examiner par deux ingénieurs géographico-minéralogiftes, deux botanico-chimiftes, deux deffinateurs & quelques autres connoiffeurs. Je dis deux, parce que fi l'un tombe malade, il en refte un autre pour opérer : qu'il tirât le plutôt poffible les hommes de l'état de brute, & les fît paffer à celui d'êtres raifonnables, en établiffant parmi eux des écoles, des collèges avec des bons inftituteurs républicains & amis de la conftitution.

L'éducation de la jeuneffe & l'inftruction des ignorans, font de la plus grande importance. C'eft le meilleur moyen pour infpirer l'amour de la patrie, & le plus efficace pour procurer le bien public. Les enfans font comme une cire molle, à laquelle on donne aifément l'empreinte qu'on veut ; ce font de jeunes plantes qu'on tourne facilement & qu'on dreffe à fa volonté. Ainfi donc, étant deftinés à devenir uh jour les défenfeurs de la patrie, le foutien de l'état & a faire le bonheur de la fociété, on ne doit rien négliger pour leur inftruction. Il y a tant de bons auteurs dans les différentes bibliothèques de la République ; on devroit en envoyer dans le Nouveau-Monde, y monter des collèges, des bibliothèques, établir dans chaque colonie une académie d'agriculture, dont les membres feroient des mémoires fur la nature du fol, fur le genre de culture qui lui convient, & fur la manière de travailler la terre & de multiplier fes productions. Par-là on accéléreroit le progrès des fciences dans le Nouveau-Monde ; on mettroit en peu de temps les nouveaux citoyens en état de faire des découvertes utiles & avantageufes, non-feulement à la colonie, mais encore à la grande Nation, & de faire un commerce très-confidérable avec le Bréfil, le Pérou, le Mexique & avec toute l'Amérique méridionale. Mais pour cela il faudroit, 1°, que nous euffions pour limite le fleuve des Amazones, comme avant le traité de paix d'Utrecht, & la libre navigation fur ce fleuve le plus grand du monde connu. Par ce moyen, nous établirions des branches de commerce lucratives avec tous les habitans de ces riches & vaftes contrées; nous tirerions parti & avantage du traité de commerce que nous avons fait avec les Efpagnols nos alliés; autrement ce traité nous devient inutile dans le Nouveau-Monde. 2°. Pour faciliter ce commerce & le faire d'une manière utile & agréable, il faudroit avoir des grammaires & des dictionnaires des langues des Galibis, des Maraones & des Calipournes. Il y a dans l'Amérique méridionale plus de cinquante nations différentes d'Indiens qui ont chacune leur langage particulier; mais tous ces idiômes fe réduifent à trois principaux dont tous les autres font dérivés; avec ces trois langues on entend & on eft entendu dans le Bréfil,

le Mexique & dans toute la partie méridionale du Nouveau-Monde.

D'après ce simple expofé, il eft aifé de
voir ce que la France équinoxiale eft en
elle-même, & les grands avantages en tous
genres qu'on peut tirer de ce vafte continent. Malgré les dépenfes que le Gouvernement a faites pour cette colonie,
elle eft prefqu'encore comme au berceau:
elle commence à fe foutenir, mais elle
ne peut pas encore fe fuffire à elle-même.
Elle eft à-peu-près comme un enfant qui
commence à marcher & qu'il faut encore
tenir par les lifières; & cela, parce que
toutes les dépenfes ont été mal faites. Il
y a toujours eu une grande partialité dans
les diftributions des bienfaits, tant de la
part du Gouvernement que de l'Adminif-
tration. On faifoit de grandes avances à
des gens hors d'état d'en profiter, tandis
que les meilleurs fujets, les plus intelligens
& les plus capables de réuffir étoient entièrement oubliés. D'après une adminif-
tration fi vicieufe, on ne doit pas s'étonner
fi cette colonie eft fi peu avancée; il eft ré-
fervé à la grande Nation de rectifier &

corriger

corriger de pareils abus, de faire dans la Guiane de grandes chofes, des entreprifes dignes d'une si illuftre & si célèbre nation. Vous avez vu qu'on peut placer avantageufement plufieurs millions d'habitans dans la Guiane Françaife, élever au moins cent mille têtes de gros bétail, tirer un parti très-avantageux de fes épiceries & de fes différentes efpèces de bois de conftruction en particulier, & en général de toutes les riches & précieufes productions de fon fol, qui furpaffent en qualité celles des autres colonies : qu'il n'en eft pas de ce vafte continent comme des autres colonies, qui font la plupart circonfcrites par la mer ; enfin la France équinoxiale a une étendue immenfe : on peut y faire les plus belles & les plus grandes chofes. Elle mérite par conféquent une grande attention de la part du Gouvernement.

N'ayant cherché dans tout ce que j'ai dit concernant la Guianne Françaife, qu'à engager des citoyens à aller s'y établir, je dois faire tout ce qui dépend de moi, pour leur procurer des douceurs en fanté, des fecours & des foulagemens dans leurs maladies ; c'eft pourquoi je vais citer en abrégé les arbres, les plantes, les fimples & arbriffeaux qui peuvent leur être de quelqu'utilité dans l'un & l'autre cas.

ABRICOTIER, grand arbre fruitier: fes fleurs ont une odeur douce & agréable, le fruit fe mange crud, tout fimplement, ou dans du vin ; on en fait d'excellentes gelées, il eft gros comme la tête d'un enfant.

ACACIA , arbriffeau épineux dont la fleur rend une odeur fuave & agréable. C'eft ce qu'on peut avoir de meilleur pour faire des haies vives ; on ramaffe les graines quand elles font en maturité ; & au commencement des pluies, on les feme dans un petit fillon, autour du terrein qu'on veut clore. Le fuc gommeux qui eft entre les pellicules qui enveloppent les graines, eft la meilleure colle dont on puiffe fé fervir dans la Guiane ; elle eft naturelle & toute apprêtée.

ACACIA (autre efpèce), qui produit la gomme arabique. Lorfque j'étois à Sinamari, il y en avoit un qui, quoique étouffé par d'autres arbres au milieu defquels il fe trouvoit, étoit plein de vigueur : lorfque je l'eus élagué, & coupé les arbres qui le génoient, il devint beau en peu de temps, & produifit des graines qui en tombant par terre, germèrent & produifirent environ deux cents jeunes plants ; ils auroient fuffi pour en multiplier l'efpèçe dans la colonie, cela auroit fait une branche de commerce comme au Sénégal, où la gomme eft eftimée. Cet arbre, felon ce qu'on m'a dit, avoit été apporté d'Afrique à Cayenne, dans le temps de la colonie de Kourou ; le commandant de ce canton le fit, pour je ne fais quelle raifon, couper & arracher les jeunes plans.

ACAJOU, arbre qui vient haut & gros à proportion ; on en fait de belles planches, des embarcations fort légères & qui durent très-long-temps. Il y en a de marbrés, de jaunes & de blancs-clairs ; il fe polit aifément & a un coup d'œil luifant. Il eft commun dans les vaftes forêts de la Guiane, & propre à faire des meubles, & toutes fortes de beaux ouvrages ; les infectes n'attaquent pas le linge qu'on met dans les armoires faites de ce bois.

ACAJOU, pommier. Sa fleur répand

une odeur douce & agréable : ſon fruit eſt une pomme rouge ou blanche, elle eſt terminée par une noix en forme de rein, dont l'amande ſe mange en guiſe de cerneaux ou grillée. La coque renferme une huile cauſtique ; on apprête auſſi cette amande comme celle du cacao, & on en fait une eſpèce de chocolat, plus délicat que celui qu'on fait avec le cacao, & qu'on appelle pour cela chocolat de maître ; le fruit eſt vermifuge & rafraîchiſſant. On le met fermenter dans un vaſe avec de l'eau, & au bout de quelque temps, la liqueur devient agréable : cet arbre vient naturellement, & en grande abondance dans les plaines ſablonneuſes entre Kourou, Sinamari & Iracombo ; on le cultive auſſi dans les jardins & ſur les habitations. Les Indiens regardent ce fruit comme propre à reſerrer dans le cour de ventre ; les Caraïbes font brûler la noix, & en laiſſent diſtiller l'huile ſur les dartres ; ils font la même choſe ſur les piqûres d'arrêtes de poiſſons. On fait auſſi avec le fruit, des compottes rafraîchiſſantes & très-ſaines, ſur-tout dans les convaleſcences.

AMBELANIER. Il produit un fruit bon à manger quoique laiteux ; fa confiture un peu acide & rafraîchiffante, eft bonne pour guérir la diffenterie ; elle eft un peu purgative.

ANANAS. Le fruit de cette plante varie beaucoup ; il y en a qui font en forme d'œufs, avec la chair blanche ; d'autres en piramides, avec la chair tirant fur le jaune & le rouge ; il y en a de plus ou moins gros ; le rouge eft préféré. L'ananas pite, eft eftimé à caufe de l'odeur agréable qu'il répand, & qui s'augmente à mefure qu'il mûrit ; il doit être cultivé par préférence dans les jardins. Il y en a dont le fruit pèfe jufqu'à quinze ou dix-huit livres, & quelquefois plus. Ce fruit eft délicieux, il a le goût de fraife, d'ambre, &c ; en le mangeant, il femble manger ce qu'il y a de plus exquis. Il fe mange crud, coupé feulement par tranche, ou bien trempé dans du vin ou du tafiat avec du firop. Il fe met auffi tout entier dans du firop, & s'y confit, s'y conferve & peut être tranfporté où on veut. Il fe multiplie de jeunes plants ou œilletons, & vient fi facilement qu'on peut le regarder comme le chardon de la Guiane : il vient naturellement de lui-même, fans culture, fur les montagnes du canton de Sinamari, dans les environs de Malma-nouri. Il rend ftériles les femmes qui en mangent fouvent & beaucoup.

ANGÉLIQUE, grand arbre propre pour la charpente, & à faire des embarcations.

AOUARA, palmifte très-connu dans la Guiane, principalement dans les favanes fur les ances. Il vient fort haut, fon fruit vient par régime en forme de groffe grappe ; cela eft commun à beaucoup d'arbres de la Guiane : il a quelquefois jufqu'à deux ou trois cents graines attachées au même pied. La graine tombe d'elle-même quand elle eft mûre ; elle engraiffe les animaux, & par cette feule raifon l'arbre devroit être ménagé. L'huile qu'on en exprime par décoction, offre une utilité bien plus grande. C'eft proprement l'huile de palme. Dès qu'on a fait porter chez foi la graine, on la met par tas qu'on couvre de feuilles & qu'on charge de bois, pour la garantir du grand air & du foleil. Elle eft pourrie au bout d'environ quinze jours ; on la pile alors dans une efpèce d'auge faite exprès pour cela, & qui ne doit fervir qu'à cet ufage. Pour féparer la chair d'avec le noyau, on achève avec la main ce que le pilon n'a pas fait. On jette enfuite dans une chaudière fur le feu, autant de chair qu'on peut en mettre dans les preffes qu'on a, ces preffes s'appellent dans le pays, couleuvres; on ne l'y met que quand on la voit fumer fortement. Avant ce moment, on remue continuellement pour faire furnager les parties huileufes. On charge la preffe comme pour le manioc. L'huile qui en fort, eft reçue dans un vafe, & mife tout de fuite dans des pots. Quand toute la récolte eft finie, on fait rebouillir cette huile pour la purger de fon eau; alors elle eft de garde. On s'en fert pour brûler dans les maifons; elle brûle entièrement fans la moindre perte. Les nègres l'emploient pour affaifonner leurs mêts; les blancs en font les mêmes ufages quand ils n'en ont point d'autre. Elle eft bonne pour appaifer les douleurs de colique & celles d'oreilles, & pour frotter les parties attaquées de rhumathifme ou fraîcheur. Le noyau qu'on a féparé de la chair, fe conferve pendant un an, au bout duquel on le caffe pour en tirer l'amande. Il ne faut prendre que trois ou quatre poignées de ces amandes, qu'on jette dans une moyenne chaudière, mife fur un feu modéré pour pouvoir les braffer à fon aife. La graiffe furnage peu-à-peu ; on l'enlève à mefure avec une cuiller ; on a foin de la paffer avant de la mettre dans un vafe, parce qu'elle fe fige pref-qu'auffitôt. Cette graiffe s'appelle quioquio. Si on veut l'employer en friture, on la fait bouillir auparavant avec un morceau de pain ou de caffave, pour lui ôter le goût aromatique qu'elle a naturellement. Huit cuillerées de cette graiffe dans quatre d'eau de pourpier, purgent comme il faut & fans tranchée, l'homme le plus robufte.

ARBRE A ENCENS. La gomme réfine qui découle abondamment de cet arbre, eft femblable à la gomme élémi ; on la brûle dans les églifes au lieu d'encens. Elle eft claire, tranfparente, balfamique ; on s'en fert pour parfumer les maifons. Elle eft auffi bonne avec du mani & de l'huile groffière pour gaudronner les embarcations.

Il fe nomme iciquier , & par les Galibis ,
arouaou.

ARRRE SAINT-JEAN. Le bois, les
feuilles & le fruit en font aromatiques ;
il eft bon pour faire des chèvres, des grues
& des échelles , étant léger.

AROUMA. Il eft bon pour faire des cor-
beilles, paniers, pagaras, couleuvres, ma-
narets, métoutou, &c. Sa tige fe fend aifément comme l'ofier franc. On peut en
faire des nattes & l'employer aux mêmes
ufages que le rotang dont il a la couleur
quand il eft fec. Les Indiens l'appellent
Maranta.

AVOCAT , *laurus*, grand arbre fruitier.
On mange ce fruit avec du fel & du poivre
comme le melon ; il eft gros auffi bien que
fon noyau, duquel en l'incifant on tire une
petite couleur violette. Du fil teint de cette
couleur , feroit propre à marquer le linge.
On fe fert d'un moyen plus fimple, on étend
fur le noyau l'endroit du linge qu'on veut
marquer, & avec la pointe d'un couteau,
on trace fur le linge la lettre qu'on veut. La
couleur alors, fuivant la trace qu'on a faite ,
s'imbibe dans le linge & ne s'efface jamais.

ARACOUCHINI, iciquier, dit par les Créoles bois de cèdre ; il donne, quand on entame l'écorce , où qu'on coupe quelques branches , une liqueur jaunâtre , balfa-mique & aromatique, excellente pour la guérifon des bleffures : les naturels du pays en font beaucoup de cas, & en envoient pour préfent à leurs amis. Ils s'en parfument avec de l'huile de karapas & de la fécule de rocou , pour fe garantir des infectes & de la pluie , ne faifant aucun ufage de vêtement.

BACHE. Les Indiens maillés font grand cas de ce palmier ; ils en mangent le fruit, fe fervent des feuilles pour couvrir leurs cabanes ; ils en tirent du fil pour faire leurs hamacs, ils en relèvent leurs canots en guife de bordage.

BAGASSE , grand arbre propre à faire des embarcations ; il eft commun dans le canton d'Oyapoc ; fon fruit, de la groffeur d'une petite orange , eft délicieux à manger.

BALATAS , grand & gros arbre ; c'eft le premier des bois pour bâtir, c'eft un de ceux qui durent le plus à l'air, il eft fans fin lorfqu'il eft à couvert ; il feroit de même dehors si on le mettoit en huile, comme on fait en France, les bois exposés à la pluie. Son fruit ressemble à une prune de reine-claude, il est doux, agréable, sucré & fort recherché ; on le mange au dessert. Il y a des balatas de différentes espèces.

BANANE , *balatana , bacoucou, musa paradiscaca.* Il y en a de différentes espèces ; la bacove passe pour la plus delicate ; ensuite vient la banane musquée, c'est celle dont les blancs font le plus d'usage. Ce fruit est une manne délicieuse, on le mange crud ou cuit au four, ou coupé par morceaux sur le gril, ou coupé en deux & desséché au soleil ; on le mange au vin, à l'eau, au sel, cuit avec quelque graisse ou viande que ce soit : on en fait aussi une espèce de bouillie. A la Grenade, on en fait une espèce de pain qui est d'un grand usage ; on en fait encore une boisson très-agréable & très-nourrissante. Des bananes cuites avec leur peau dans l'eau, la rendent sucrée, après avoir ôté la peau ou les brasses ; les nègres aiment beaucoup cette boisson, sur-tout dans leurs maladies & convalescences ; on en fait aussi des confitures. Les Indiens pour avancer la maturité des fruits, enveloppent le régime dans les feuilles de la plante même, & les mettent dans un trou, en un coin de leur cafe, & quelques jours après ils les retirent mûrs & aussi jaunes que des coins. L'eau qui sort du corps de la plante, ou des feuilles rompues, est jaunâtre & laisse au linge une tache qui ne s'efface jamais : mêlée avec le jus de feuilles de pois de sept ans, communs dans les jardins de Cayenne, elle donne une belle couleur verte ; elle lui donne de la consistance & l'empêche de pâlir.

BALALOU, balisier. Ses feuilles, qui ont jusqu'à sept ou huit pieds de longueur, & un pied & demi de largeur, servent à couvrir les maisons. Divers oiseaux, sur-tout les ramiers, sont fort friands des graines ; les indigènes les mangent cuites. Cette graine teint en beau pourpre, il ne s'agit que de trouver quelque ingrédient qui puisse assurer cette couleur & la rendre durable. Le petit balisier, qu'on trouve en grande quantité dans les savanes noyées, est aussi utile. On m'a dit que le fruit teignoit, en une belle couleur rouge ineffaçable, & qui devenoit pourpre, par le moyen du jus de citron.

BARBADINE, liane dont le fruit est délicat & rafraîchissant; on en fait de beaux berceaux, elle vient facilement & donne en tout temps. Le fruit pèse jusqu'à deux ou trois livres.

BELLA DONA, *amarillis*, lys américain à fleurs rouges ; elle est excellente pour la guérison des cancers; elle vient partout d'elle-même sans culture.

BRÉSILIET, ou bois de campêche ; il est bon pour teindre en rouge; il vient très-bien à Cayenne, mais cette culture est tout-à-fait négligée.

BOCO, *bocoa*. Cet arbre est commun du côté de Kau ; on peut faire avec le cœur des poulies pour les navires, comme avec le gaïac.

BAMBOU, dit à Cayenne cambrouse. On se sert de sa tige, qui est fort légère, pour faire des bâtons d'hamacs, lits portatifs du pays; les Indiens les peignent & les vernissent : ils en font aussi des cors, dont ils donnent pour avertir de leur arrivée, & pour appeller le vent.

BAUME DE SAVANE, ou BASILIC DU PARA, *oximum*. Une poignée de ce bafilic, cuite avec du fort vinaigre, & appliquée chaudement fur le point-de-côté, le guérit.

BÉLAIRE violette. Arbriffeau qui fe roule fur les arbres voifins; elle fe trouve aux bords de la rivière de Sinamari & de la crique des Galibis. Les Indiens fe fervent de la plante & des fruits pour teindre en bleu, les petits meubles qu'ils font avec des écorces & de l'arouma.

BOIS A CANAUX. On l'emploie pour conduire l'eau d'un endroit à l'autre, d'où lui eft venu le nom de bois-canaux. La pellicule du dedans du bois étant ratiffée, guérit les chancres, s'ils ne font pas vénériens; ils difparoiffent au bout de huit jours, en renouvellant l'ufage de cette poudre matin & foir. Le fel fixe que donne ce bois, eft d'un grand fecours pour dégraiffer, & faire écumer le vin des cannes à fucre; il pourroit peut-être auffi fervir à faire du verre, du favon, & être de quelque ufage pour blanchir les toiles. Dans l'avant-dernière guerre, plufieurs habitans du canton de

Sinamari faifoient avec de la cendre de ce bois & de la graiffe de bœuf, un favon qui décraffoit très-bien le linge.

BOIS-FLAMBEAU, ou BOIS ROUGE, *houmiri.* L'écorce de cet arbre, entaillée, rend une liqueur balfamique & odoriférante, femblable à celle du baume du Pérou. Quelques Créoles penfent que 'c'eft lui-même. Elle fe durcit & devient caffante, tranfparente, & rend une odeur très-agréable quand on là brûle. On fait avec l'écorce des lanières qui éclairent comme des flambeaux. Cet arbre eft bon pour bâtir & faire des bardeaux pour couvrir les maifons.

BOIS-GAULETTE, arbriffeau fort commun à Cayenne. C'eft avec ce bois refendu qu'on fait les féparations des appartemens; on remplit les ouvertures avec une terre graffe préparée; enfuite on enduit le tout avec de la vafe & de la fiente de bœuf, après quoi on blanchit avec une terre blanche commune à la Guiane, qui fait le même effet que la chaux en Europe.

BOIS - BÉNOIST, grand & gros arbre dont on fe fert pour faire les plus jolis meubles. Il a les veines plus rouges que celles du bois fatiné ; le fond eſt vert jaunâtre.

BOIS-DE-ROSE, bel arbre appellé aux îles bois jaune ; il eſt bon pour les bâtiſſes & conſtructions de navires. Il eſt de couleur citron, ayant une odeur de roſe ; ſa feuille a l'odeur de citronelle. Bouillie avec le bois crabe, elle donne à l'eau une odeur qui tient de l'un & de l'autre, & qui en fait une boiſſon agréable. Il eſt auſſi employé dans les bains contre les échauboulures ; il eſt bon à teindre en jaune.

BOIS-CRABE, dit des quatre épices. Cet arbriſſeau croît dans la terre ferme, aſſez haut, du côté de l'Orapu & au haut d'Oïapoc. Il eſt aromatique & a le goût de muſcade, de géroſle, de poivre & de cannelle ; il en tient lieu quand on a de ſa poudre.

BOIS-MARBRÉ. Il eſt comme jaſpé, ou parſemé de taches qui reſſemblent à celles d'un marbre veiné de rouge, de blanc & de jaune. C'eſt le bois le plus recherché pour les ouvrages de marqueterie & pour différens meubles ; le fond en eſt blanc.

BOIS DE LÈTRE. Il a le cœur moucheté de noir & le fond rouge ; il eſt beau , luiſant & très-dur. On l'emploie en meubles, bâtons & à différens ouvrages recherchés ; il y en a de différentes eſpèces.

BOIS-TISANE , groſſe liane couleur de vin rouge , dont on prend une ou deux poignées que l'on mêle avec force citron, pour faire tremper les malingres.

BOIS INDIEN, groſſe liane qui ſe trouve dans le grand bois. La racine battue juſqu'à ce qu'elle ſoit bien diviſée , trempée enſuite dans le lieu qu'on veut enivrer , manœuvre qu'on répète juſqu'à ce qu'il ne reſte plus de jus dans la racine , enivre les trous de ſavanes & ceux des bords de la mer lorſqu'elle eſt baſſe. J'ai vu les Indiens avoir par ce moyen une ſi grande quantité de poiſſons , qu'ils en empliſſoient des embarcations.

BOIS - MAKAQUE , *périanthium.* Son fruit eſt bon à manger ; les ſinges en ſont friands , d'où lui eſt venu le nom de bois-makaque. Le ſuc de ce fruit peut tenir lieu d'encre pour écrire.

BOIS-MOUSSÉ. Il eſt léger & propre à

faire des échelles : on l'emploie aussi à faire des chevilles pour les bardeaux.

BOIS-PUANT. Il vient au bord des-savanes sur les ances. Il est bon pour faire des cercles de bariques.

BOIS-VIOLET. On en fait des meubles & plusieurs beaux ouvrages de marqueterie. Il est commun à Cayenne.

BOULET DE CANON. Les fleurs en sont jolies & rendent une odeur agréable. Les Sauvages en aiment le fruit, mais les blancs n'en font usage que dans les maladies de poitrine. Piron dit qu'il y a une autre espèce que les Portugais appellent fétim, dont le bois est incorruptible & très-propre a faire des embarcations & toutes sortes de beaux ouvrages.

BOURGONI, *mimosa.* Son écorce est âcre & astringente : on emploie le suc, mêlé avec du noir de fumée ou de la suie qui s'attache après les chaudières & les platines à cassave, pour marquer le linge, & pour donner une couleur d'ébène aux bâtons qui en sont enduits.

CACAO. Il aime les endroits humides, marécageux & les bords des rivières ; pour conferver l'amande, lorfque le fruit eft en parfaite maturité, on prend une cuve, on met dedans la récolte; on coupe par le travers la capfule, on en tire les amandes avec la fubftance qu'on met dedans : la fubftance vient en fermentation fous vingt-quatre heures, fe liquéfie & devient vineufe; on laiffe les amandes dedans jufqu'à ce qu'elles bruniffent & qu'on reconnoiffe que le germe eft mort. La bonté du chocolat dépend en partie de la maturité du fruit, & du degré de fermentation; la liqueur vineufe eft un peu acide & bonne à boire; alambiquée, elle donne un efprit ardent, inflammable & de bon goût. Le cacao eft naturel dans la Guiane; il y en a des forêts dans les terres au haut d'Oïapoc. Les Portugais viennent tous les ans le ramaffer.

CACOUCIER POURPRE. Les Galibis frottent le mufeau de leurs chiens avec le fruit de cet arbre, pour leur rendre l'odorat plus fenfible.

COROSOL, arbre fruitier commun dans la Guiane; le fruit en eft fort gros & pèfe jufqu'à huit ou dix livres, il eft aigrelet &

fort rafraîchiffant. On en tire une liqueur fort agréable à boire.

CŒUR DE BŒUF , efpèce de petit corofol. Il a à-peu-près le même goût que le grand , il eft cependant moins agréable : les Indiens fe fervent de fa racine dans l'épilepfie ; ils la font avaler pulvérifée, dans l'inftant que le malade s'en trouve attaqué. Cette même racine prife par le nez comme le tabac , produit le même effet.

CANNELLE-POMMIER, arbre dont le fruit eft bon à manger ; fes feuilles sèches infufées dans du tafiat, donnent une liqueur agréable.

CAFÉIER. L'ufage de fon fruit eft connu de tout le monde. Celui de Cayenne furpaffe en, qualité celui des autres colonies.

CALALOU , *Combo ,* plante faine & très-émolliente. On hache les graines & les caboffes, avant leur parfaite maturité, avec des feuilles tendres de magnoc ou taïove ; au défaut de celles-ci, on prend de jeunes feuilles de la plante. Le tout fe cuit avec de la graiffe ou du poiffon boucané ;

c'est le mêt que les Créoles donnent par
référen ce aux perfonnes les plus diftin-
guées ; le fruit étant jeune, fe cueille pour
être mangé en falade, cuit dans l'eau.

C᾿LEBASSIER, arbre dont la coque du
fruit tient lieu d'écuelle, de plat, d'af-
fiette, de gobelet & de panier ; c'eft la
vaifelle du pays. On fait avec le fruit un
firop excellent pour la poitrine, dit firop
de calebaffe ; pour extraire le jus, on met
le fruit entier dans un four chaud, & le
fruit fe liquéfie. C'eft avec ce jus qu'on
fait le firop.

CAMAGNOC, efpèce de magnoc qu'on
plante & cultive de même : la racine peut
s'arracher au bout de fept mois ; on en fait
de la caffave, ou on la mange bouillie ou
rôtie, ou cuite dans les cendres.

CANNELLIER, arbre : il vient très-bien
& fort vîte, même de bouture dans la Guiane.
Les habitans, qui ont entrepris d'en lever
les écorces, ont réuffi au parfait ; elles font
de très-bonne qualité.

CAOUTECHOU, dit *feringa* par les
Garifons, & *pao-feringa* par les Portugais ;
grand arbre de cinquante à foixante pieds

de hauteur, & gros à proportion ; fon écorce eft grife tirant fur le rouge, & mince; le bois eft blanc & peu compact. Le fruit eft une capfule qui contient ordinairement trois amandes, comme trois groffes noifettes réunies en forme de triangle; il eft bon à manger & fort agréable; il a le goût de la noifette d'Europe. Pour peu qu'on incife l'écorce de cet arbre, il en découle un fuc laiteux ; ce fuc s'épaiffit bientôt, perd fon humidité & devient une réfine molle, rouf-sâtre, élaftique; lorfqu'il eft récent, il prend la forme des inftrumens, des vafes fur lef-quels on l'applique couche par couche, que l'on fait fécher à mefure, en l'expofant à la chaleur du feu. Cette couverture de-vient plus ou moins épaiffe, à proportion des couches qu'on lui donne, mais elle refte toujours molle & flexible : fi les vafes font de terre glaife, on introduit de l'eau dedans pour la délayer & la faire fortir ; fi c'eft un vafe de terre cuite, on le caffe par petits morceaux, c'eft la façon d'opérer des Garipons. On fait avec cette réfine des boules folides, qui étant sèches font fort élaftiques; on en peut faire toutes fortes de petits inftrumens, comme feringues, bouteilles, bottes, fouliers, &c. On en fait auffi des torches & des flambeaux, dont la lumière eft éclatante ; on peut auffi en faire des cuiraffes en l'appliquant fur de la toile ; on les dit impénétrables à la balle, mais je penfe que cela demande épreuve. Je penfe qu'en appliquant cette gomme fur de la toile, on pourroit faire auffi bien qu'avec d'autres gommes, des parapluies & des redingottes légères & impénétrables à l'eau. L'arbre qui produit cette gomme croît dans les bois au Maripa, à St. Regis, à la Comtée, à Kau, fur les bords de la Crique, petite rivière, des Galibis, & au haut de Sinamari. J'ai été moi-même chez les Indiens la chercher, pour m'affurer de fon exiftence fur nos terres, j'en ai remis une boule au citoyen Jannet, agent du Directoire exécutif, dans la Guiane. J'en rapportai un morceau affez confidérable pour être préfenté aux citoyens Directeurs, & au citoyen Miniftre de la marine & des colonies, mais j'ai eu le malheur de le perdre avec tous mes effets, dans le naufrage que notre parlementaire a fait auprès d'Halifax.

CANÉFICIER, arbre commun à certains endroits dans les forêts de la Guiane : il donne un fruit bon pour rafraîchir & purger.

CANNES-CONGO. Sa fleur eft d'une feule feuille ; le calice, qui dans la fuite devient le fruit , eft enveloppé avec la fleur dans une efpèce d'étui ou de feuille coupée en manière de canot indien. Le jus exprimé de la racine , bu en guife de tifane , matin & foir, s'emploie avec fuccès pour la guérifon des chancres & de la gonorrhée : ce fuc eft acide. Une décoction de la tige eft auffi employée pour la même maladie : il y en a de différentes efpèces ; le jus du fruit des autres , appellés génipas , peut fervir pour écrire & pour teindre le fil en noir.

CARIAROU. Liane de laquelle les Portugais fe fervent pour teindre leurs hamacs en cramoifi. On tire des feuilles de cette plante une efpèce de fécule qui imite le vermillon, & dont les Indiens fe peignent le corps : il y en avoit un berceau au gouvernement de Cayenne. Il feroit aifé de multiplier cette plante ; les Indiens la connoiffent. *Convolvulus tinctorius fructu vitigineo.*

CAPILLAIRE.

CAPILAIRE. Il y en a, à Cayenne, de plufieurs efpèces; il y vient facilement & très-grand. On en fait de bon firop.

CARAPAS. Grand & gros arbre fort commun dans la Guiane. Le bois peut fervir à mâter les navires, & le fruit à faire de l'huile pour les braïer. Cette huile a la propriété d'éloigner par fon amertume, tous les infectes; ainfi elle empêcheroit les vers de piquer les navires : ils n'attaquent pas les canots ni les meubles faits de ce bois. Les Indiens font cuire aux trois quarts les amandes de ces arbres, les mettent enfuite en tas & les couvrent pour les échauffer, pendant environ un mois : enfuite ils les caffent & féparent l'amande, qu'ils pilent & mettent fur le feu dans une chaudière; ils la preffent enfuite dans une couleuvre (1), après quoi il la font rebouillir pour la purifier & conferver. D'autres, après avoir pilé les amandes entre deux roches, ou dans un mortier, les réduifent en pâte, & les rangent dans une dale un peu inclinée & expofée au foleil : la pâte laiffe fuinter

---

(1) Preffe faite en forme de couleuvre.

D

l'huile qui fe rend dans un récipient. Cette huile n'a aucune odeur; elle eft bonne à brûler. Les Indiens la mettent avec du rocou, & s'en oignent pour fe garantir de la piqûre des infectes & de l'humidité : les nègres chaffeurs font de même. Elle eft en-encore bonne mêlée avec le brai fec & le gaudron pour conferver les navires; cela mérite attention, parce que dans les pays chauds, ils s'avarient beaucoup.

CARATA. Elle s'appelle bois mêche, parce que fa moëlle fert d'amadou aux nègres. Sa feuille chauffée fur la cendre, & appliquée fur la partie affligée de rhumatifme ou fraîcheur, foulage beaucoup : c'eft un remède fouverain pour les bleffures. Il y en a de deux efpèces, la grande & la petite; la petite dont nous venons de parler, eft appellée à Cayenne, citron de terre ; la grande a les feuilles beaucoup plus larges, plus épaiffes, & la tige plus haute. Elle pouffe en une nuit une tige de plufieurs pieds. On dit que la racine de cette grande efpèce produit les mêmes effets que la falfepareille.

CAUMON, choux palmifte affez com-

mun. Son fruit eft une efpèce de prune
qui, braffée dans de l'eau chaude, lui donne
la couleur de chocolat. C'eft une boiffon
agréable, & dont les créoles & les nègres
font fort friands. On peut auffi, avec ce
fruit, faire une huile auffi bonne que
celle d'olive. On l'exprime comme l'huile
d'aouara. On couvre les maifons avec les
feuilles. Le chou fe mange crud en falade,
ou cuit, accommodé de différentes manières
comme les autres choux palmiftes.

CENTAURÉ. Cette plante prife en tifane, eft un très-bon fébrifuge.

CERISIER. Il y en a de différentes ef-
peces; on mange fon fruit crud ou cuit; on
en fait des gelées, des confitures.

CÈDRE. Il y en a de différentes efpèces,
de blancs, de noirs, de jaunes & de rouges.
Les vers ne piquent jamais ces derniers.
Ils font bons pour faire des meubles, des
navires & des mâts. Un canot de cèdre
noir eft pour la vie d'un homme, quand
on en a foin.

CHANVRE, *triumpheta.* Il fe trouve
dans les fentiers de l'île de Cayenne & de
la Grande-terre; on fait des paniers avec

fa tige, cette plante macérée & préparée comme le chanvre, donne un beau & bon fil.

COCOYER. Ce palmifte vient très-bien à Cayenne. Il y rapporte toute l'année, fon fruit eft délicieux, on le mange crud tout fimplement, ou accommodé de différentes façons; on en fait des confitures, on pourroît en tirer le parti qu'on en tire dans l'Inde.

CONANA, palmifte dont le fruit eft bon à manger, il a le goût du cocos; il eft commun à Cayenne.

COÉPI. C'eft avec l'écorce sèche de ce bois, que les Indiens font cuire leur poterie; elle eft très-mince, & par conféquent aifée à échauffer, & réfifte long-temps au feu.

CONANI FRANC. Arbriffeau connu fous le nom de bois à enivrer le poiffon; on pile les feuilles dans un trou fait en terre, ou entre deux roches, on en délaie le marc dans le trou qu'on veut enivrer; le poiffon furnage & meurt, on le mange fans danger. Cette pêche eft amufante.

CONANI DU PARA. Il fert comme l'autre à enivrer le poiffon, mais fa vertu eſt moins efficace ; les nègres le cultivent pour cet uſage.

CONCOMBRES. Ils viennent facilement à Cayenne , il y en a de différentes eſpèces, les petits viennent naturellement ſans culture , dans le ſable ſur les ances ; on en a toute l'année. Ils ſont rafraîchiſſans & ſains.

COPAHU. Cet arbre eſt très-commun dans la partie du nord de la Guiane Françaiſe ; on y fait un trou & on y adapte une bouteille pour recevoir la liqueur qui en découle abondamment; j'en ai trouvé chez les nègres émigrés de Surinam , établis ſur nos terres , des touques de vingt-cinq à trente bouteilles, ils ne les vendoient qu'une piaſtre la touque pleine. Ce baume eſt excellent pour beaucoup de choſes , il eſt très-recherché.

COPAYA, appellé par les nègres onguent piant. Cet arbre a la fleur bleue au haut , & les feuilles larges ; les nègres préparent avec le ſuc de ſes feuilles, un extrait pour frotter & couvrir les parties attaquées de pians.

COTON. On le cultive par toute la

colonie, il y en a de différentes efpèces ; celui de Cayenne eft fupérieur en qualité à celui des autres colonies, fa foie eft plus longue, plus fine & plus blanche. On fait avec les graines, des émulfions pectorales, adouciffantes & rafraîchiffantes ; on peut auffi en tirer de l'huile à brûler. On fait avec le coton, dit de fiam, des bas, des gands & des chapeaux très-eftimés.

COURBARI, grand & gros arbre bon à faire des planches. Sa réfine fe vend fous le nom de gomme animée, elle eft tranf-parente. Les Indiens s'en fervent pour vernir leurs poteries, ils la paffent dans un bois mou, & elle leur fert de flambeau. On mange le fruit, il a le goût de pain d'épice.

COUPI, arbre qui porte une noix plus agréable que celles d'Europe, il eft commun dans la Guiane. On mange le fruit comme des cerneaux ; le bois eft bon à faire des mortiers, des pilons ; les racines donnent des jantes, des courbes, des étraves & des fourcas de pirogues.

CROS-DE-CHIEN. La tifanne faite avec fa racine eft très-rafraîchiffante.

CAMPÊCHE. Ce bois eft bon pour la

teinture en rouge; il y en a de grands arbres à Cayenne, mais on n'en tire aucun parti faute de culture.

CANNELLIER. Cet aromate vient très-facilement, même de bouture ; dans la Guiane Française il y eft commun. On peut par conféquent en tirer de la cannelle comme à Céilan ; les habitans qui l'ont entrepris ont bien réuffi : la cannelle de Cayenne l'emporte en qualité fur celle de l'Inde.

CURATELLE. Cet arbriffeau vient partout dans les favanes arides ; les Indiens fe fervent de fes feuilles, qui font comme une efpèce de râpe, pour polir leurs couïs, leurs arcs, leurs boutoux, & tous leurs petits ouvrages.

DATIER. Il y en a quelques pieds à Cayenne, mais cet arbre étant fexuel comme beaucoup d'autres dans la colonie, ils ne rapportent pas ; c'eft probablement qu'il n'y en a que d'une efpèce.

ÉBÈNE. Il y en a de différentes efpèces. On fait avec, des bâtons, des meubles & de très-jolis petits ouvrages ; la fleur de la verte, étant bouillie, tient lieu de féné, elle

purge avec fuccès ; elle eft jaune, on la voit
de loin au haut des arbres quand ils font
en fleur.

ÉPICERIES. Elles réufiffent très-bien
dans la Guiane Françaife, & peuvent par
conféquent faire une branche de commerce,
confidérable, parce quelles y font d'une
qualité fupérieure ; on peut les avoir plus
fraîches, & il n'en coûte pas tant de
tranfport.

ÉPINARD SAUVAGE. C'eft une plante
qui vient naturellement, fans culture,
dans les abattis ; elle eft émolliente, rafraîchiffante & très-faine, on ne fauroit
en faire trop d'ufage ; on jette le premier
bouillon, elle s'accommode comme les
épinards en France. J'en ai cultivé dans
mon jardin, je la coupois fréquemment
comme l'ofeille.

ÉTOILÉ, gazon dont la fleur eft de
couleur de feu, on en fait de jolis berceaux
mêlée avec du jafmin.

ÉRINGIUM, dit à Cayenne azier-la-
fièvre ; c'eft une efpèce de chardon roland.
Sa décoction rappelle les menftrues. Cette
plante eft auffi employée pour guérir les

fièvres. On la met dans l'eau pour faire des lotions.

FIGUIER. Il vient facilement, même de bouture à Cayenne. Il y en a de différentes espèces qui donnent du fruit toute l'année.

FIGUIER SAUVAGE, *mancinella.* Le lait qui découle des incisions faites au tronc, est un poison violent. Quelques habitans en donnent pour faire mourir les vers des enfans : mais il faut le faire avec la plus grande précaution & en donner peu. Il y en a de plusieurs espèces.

FROMAGER, *bombax*, Grand arbre qui donne un duvet très-fin & léger. Le citoyen Fidmond, gouverneur de la Guiane Française, en faisoit ramasser pour garnir les robes des dames de France. L'arbre donne une gomme qui se dissout dans l'eau, & qui a probablement des propriétés.

FOURGILE. Le suc de ces feuilles s'applique avec succès sur les piqûres des épines de poissons.

GUAIGUÉMADOU, *wawarouchi*, arbre à suif, *virola sibifera*. Le fruit est bon pour faire de la bougie. On le sépare de la coque,

& après l'avoir nettoyé, on le réduit en pâte, qu'on jette dans de l'eau bouillante pour en féparer le fuif qui fe durcit à la furface, quand l'eau eft froide ; enfuite on le refond féparément pour le purifier ; il reffemble à de la cire vierge ; ces bougies éclairent très-bien : on pourroit peut-être parvenir à les blanchir comme la cire. Lorfqu'on entaille l'écorce de cet arbre, il en fort un fuc rouge & âcre, bon pour la guérifon des aphtes, & pour appaifer les douleurs de dents cariées, en les couvrant d'un peu de coton imbibé de ce fuc.

GAYAC, en galibi, *tarara*. L'amande exhale une odeur fort agréable. Les Indiens s'en font des colliers pour les parfumer : ils les mettent auffi dans leurs armoires pour leur communiquer une bonne odeur, & les préferver des infectes. Il eft bon pour les tifanes fudorifiques.

GÉNIPA. Arbre dont les fleurs font blanches, le fruit rond eft bon à manger. Son fuc peut fervir à teindre en noir & à écrire. La tifane faite avec fa racine, eft purgative & rafraîchiffante.

GOUAVIER. Il y en a de plufieurs efpèces ; les fleurs ont une odeur agréable : le fruit eft aftringent. On en fait des compotes & des marmelades. La racine entre dans les tifanes aftringentes.

GRIGNON. L'écorce de cet arbre eft bonne pour tanner le cuir, & le bois propre pour la charpente, la conftruction des bâtimens ; les vers ne le piquent pas. Les canots qu'on en fait à Cayenne, font légers, & durent long-temps.

GINGEMBRE. Cette plante vient facilement à Cayenne ; elle eft bonne pour la toux opiniâtre & le rhume invétéré. Il fait expectorer ; il fe confit au fucre, il réveille l'appétit aux convalefcens. On en fert des racines fraîches fur la table. Il eft échauffant, irritant.

GÉROFLIER. Il vient très-bien dans la Guiane Françaife. Quelques pieds dans une bonne terre, ont jufqu'à foixante-dix ou quatre-vingt pieds de hauteur, formant naturellement le pain de fucre, comme s'ils avoient été taillés. Il feroit propre à faire de belles allées. La feuille eft d'un beau vert. La fleur & le fruit exhalent une odeur fort agréable. Quelques pieds, avantageufement placés , ont donné jufqu'à cinquante livres de clous en un an, & la livre fe vend à Cayenne , dix ou douze francs.

GUITARDE. Cet arbre eft commun dans les taillis au bord des favanes. Il eft en fleur & en fruit prefque toute l'année ; la fleur eft rouge. Ses baies font bonnes à manger ; & les feuilles en décoction pour bain & douge , pour la guérifon des enflures.

GROSSULARIA. Les baies & les jeunes branches de cet arbriffeau , donnent un fuc jaune comme la gomme-gutte , qui eft bon pour la guérifon des dartres.

HERBE A BALET , *malva.* Elle vient par-tout dans les rues de Cayenne ; elle eft rafraîchiffante. Une poignée de fa racine , avec une poignée de racine de citronier , bouillies dans fix pintes d'eau réduites à quatre , eft la boiffon la plus ordinaire contre le mal d'eftomac , en y ajoutant une livre de gros firop.

HERBE A ÉCHAUFFURES. Elle vient par-tout dans la colonie ; elle donne à l'eau une belle couleur de vin paillet ; on la mange en falade & dans le potage.

Elle eft rafraîchiffante & bonne pour les échauffures , d'où lui eft venu fon nom *bigonia*.

HERBE A CHARPENTIER , *carmentin.* Elle eft vulnéraire , on en fait un firop eftimé : fon jus avec du tafiat , de l'eau & du fel , eft ce qu'on peut mettre de meilleur fur les plaies ; on les baffine , enfuite on applique deffus un linge imbibé de cette liqueur. Sa racine eft bonne pour le mal d'eftomac.

HERBE A FLÈCHE , *maranta.* Ses racines cuites fous les cendres & mangées , font ceffer les fièvres intermittentes. Elle eft cultivée près des habitations des Indiens, ils s'en fervent pour monter leurs flèches.

INDIGO. Il y en a de différentes efpèces, du franc & du fauvage. C'eft avec le franc qu'on fait ce beau bleu, fi recherché par les teinturiers ; la racine du fauvage , entre dans les tifanes qu'on prend pour le mal d'eftomac , elle eft amère ; fa racine écrafée & appliquée fur les dents en appaife la douleur , felon le rapport des Créoles. J'ai vu des perfonnes qui prenoient le matin, en guife de café , une infufion des graines du sauvage , grillées & bouillies comme du café.

IGNAMES. Il y en a de plufieurs efpèces, on les fait cuire fous la cendre, ou dans de l'eau avec de la viande falée ; elles font très-faines , très-nourriffantes & de facile digeftion. Elles tiennent fouvent aux nègres, lieu de toute autre nourriture.

IMMORTEL , arbre dont les racines font bonnes dans les tifanes fudorifiques, & les fleurs dans les infufions béchiques , pour la toux & la poitrine.

IPÉCACUANA, *viola.* La racine eft purgative , prife à petite dofe , & devient vomitive quand on en augmente la dofe, qui eft pour l'ordinaire d'un gros en infufion. Il y en a de deux couleurs , bleue & blanche ; il vient dans les lieux fabloneux fur les ances. C'eft une efpèce de valéricne.

JAUNE D'ŒUF, *chrifophilum.* Efpèce de prunier dont le fruit reffemble à un jaune d'œuf, d'où lui eft venu fon nom ; il eft très-nourriffant : des perfonnes ont vécu dans les bois , pendant plufieurs mois, fans autre nourriture que ce fruit.

LIANNES. Il y en a de beaucoup d'efpèces à Cayenne : elles fervent les unes à coudre les paſſeaux pour couvrir les maiſons, les autres à attacher les entourages, à faire des paniers, des chapeaux, pour garantir de la pluie & du foleil; enfin, elles fervent à tous les différens uſages comme l'oſier en France. La franche a le même uſage que le rotang; la rouge, dite liane à eau, fert à défaltérer les voyageurs & les chaſſeurs dans les bois; étant coupée, elle rend une aſſez grande quantité d'eau claire & pure, pour les rafraîchir.

MAGNOC. C'eſt avec quoi on fait le pain du pays, il vient facilement : une perſonne peut en quinze jours préparer un terrein, & y planter des vivres pour fe nourrir pendant un an; on en fait des caſſaves & du couac, dit aux îles farine de magnoc : le couac peut fe conſerver tant qu'on veut, étant bien defsèché & placé dans un endroit fec. On fait avec la plus fine farine de magnoc, de petites caſſaves très-blanches & très-délicates; on en fait auſſi des maſſepains & d'autres friandiſes, en y mêlant un peu de fucre; on en fait encore de la poudre à poudrer & de l'empois comme avec de l'amidon. Je pense que dans les pays chauds, ce pain est plus sain que celui d'Europe, y étant naturel & plus rafraîchissant. Les nègres font avec la cassave du langou & du maleté, qui sont leur régal en santé, & leur ragoût en maladie.

MAHOT, *ivira*; en Galibi, *tourou tourou*. Arbre avec l'écorce duquel on fait des cordes & de grands rubans, pour lier tout ce qu'on veut; les Indiens se servent de cette écorce au lieu d'étoupe, pour calfater leurs pirogues. Il y a aussi sur les ances, une autre espèce de mâhot, dont l'écorce sert aux mêmes usages; le bois est mou, c'est un de ceux qu'on emploie à faire du feu par le frottement. Il semble être le tilleul d'Europe, il en a peut-être les propriétés.

MAL NOMMÉE, *euphorbia*. Cette plante est fort commune & très en usage à Cayenne, dans les tisanes pectorales.

MALPIGHIA, dite par les Galibis *moureila*. Elle vient dans les terreins sabloneux & découverts, qu'on traverse en allant de Cayenne à Sinamari; la décoction des racines & des souches, est employée à déterger les ulcères & laver les plaies. Cette plante eft vulnéraire & aftringente , la décoction prend une teinture rouge.

MÉLONGÈNE , appellé par les nègres *marie-jeanne.* Il vient facilement à Cayenne, on le mange cuit fur le gril , ou dans la poêle , ou accommodé de différentes manières , & dans les calalou.

MÉLASTUM , néflier. Le fruit de cet arbre eft bon à manger : le mélaftum , arbriffeau à fruit purprin , dit par les Créoles *caca henriette ,* eft bon en décoction pour laver les plaies & les ulcères. Il eft vulnéraire & aftringent.

Le mélaftum à longues feuilles, dit par les Indiens *tincta ,* eft employé par eux à teindre en noir les toiles qu'ils fabriquent.

MAPAS. Le fuc de cet arbre laiteux , mêlé avec une égale quantité de fuc de figuier fauvage, produit une matière impénétrable à l'eau ; appliqué fur de la toile, il fait une efpèce de cuir non-élaftique. Les nègres emploient le lait de cet arbre pour guérir les pians.

MARIPA , efpèce de choux palmifte, le fruit eft bon à manger ; les Créoles en font friands ; le noyau fert à faire de petits ouvrages curieux , comme caffolette ; le chou fe mange en falade, en potage , ou accommodé de différentes manières , il eft délicat. Je penfe qu'avec la graine, on pourroit faire de la bonne huile, comme avec celle d'aoüara.

MARIE-TAMBOUR, liane dont le fruit eft très-délicat. On en fait de fort jolis berceaux, elle vient facilement & vîte, & rapporte deux fois l'an.

MANI, *refinifera*. Arbre fort commun dans la Guiane, fur-tout dans le canton de Sinamari. Les feuilles, l'écorce & le bois endommagés ou entaillés, rendent un fuc réfineux en fi grande quantité , que le citoyen Fidmond en fit ramaffer, lorfqu'il étoit gouverneur de la Guiane Françaife, de quoi gaudronner plufieurs navires. Cette gomme a la propriété de conferver le bois, & de le garantir de la piqûre des vers, fur-tout mêlé avec de l'huile de carapas ou de caoüane, commune dans ce même canton. Les habitans ne fe fervoient pas d'autre goudron dans l'avant-dernière guerre; c'étoit une petite branche de commerce : ils l'en-

voyóient à Surinam. Les jeunes arbres
fervent à faire des cercles de barriques, & les
vieux à faire les douves. On en fait auffi des
bardeaux pour couvrir les maifons.

MÉDECINIER. Arbriffeau qui prend
aifément de bouture; il eft bon à faire des
entourages. On fait avec la graine une huile
bonne à brûler. Cette graine & cette huile
font un violent purgatif.

MILL, *maïs.* Il vient facilement à Cayenne.
On peut en faire trois ou quatré récoltes par
an; trois mois fuffifent pour la maturité de
ce grain. On en fait une boiffon comme la
biere; on le réduit en farine, & on le mêle
par moitié avec celle de bled, & on en
fait un pain d'un bon goût & très-nourriffant. On fait auffi avec la farine de mill,
du maleté, du langou & du loconon. Toutes
ces manières d'apprêter le mill, font en
ufage dans la Guiane.

MONCAIA, efpèce de choux palmifte.
On fait avec fa graine de l'huile comme
avec celle d'aouara, & de la même manière.
Il fe mange accommodé comme les autres
palmiftes.

MONBIN, *fpondias.* Son fruit, quoi-

qu'aromatique, est assez agréable. On en
fait une marmelade qui passe pour la meilleure du pays. On fait aussi avec la pulpe
du monbin, une boisson rafraîchissante &
saine. La décoction des feuilles est bonne
pour gargariser la bouche, pour laver les
ulcères & les déterger. Les Indiens attaqués de la goutte, de rhumatismes ou de
fraîcheurs, font un trou dans terre où ils
mettent de la braise ardente, sur laquelle
ils mettent des noyaux de ces prunes. Ensuite ils appliquent la partie malade dessus,
& endurent la fumée le plus chaudement
& le plus long-temps qu'ils peuvent, & se
guérissent de cette sorte.

MONT JOLY, *varonia*. Toute la plante
de cet arbuste a une odeur aromatique &
agréable ; elle est bonne dans les bains &
fomentations, pour guérir les plaies, les enflures, dissiper les douleurs & fortifier
les nerfs. Elle est propre aux maladies
du cerveau & de la matrice. Sa graine
est bonne pour purifier & parfumer les
appartemens, les salles des malades dans
les hôpitaux ; elle peut tenir lieu de graine
de genévrier. Cet arbrisseau est très-com-

mun , & donne toute l'année dans la Guiane.

MOUTOUCHY. Il tient lieu de liège dans le pays , & fert aux mêmes ufages que le liège en France.

MAVÉVÉ. Grande plante aromatique , très-commune dans la Guiane, auffi bien que fon ufage. Elle eft bonne dans les bains.

MOUTARDE , *finapis.* Elle vient faci-lement & par-tout dans la Guiane. Sa graine écrafée & mêlée avec du vinaigre & du lait, excite l'appétit, aide la digeftion , & eft anti-fcorbutique. Les feuilles écrafées , tiennent quelquefois lieu de cantharides pour véficatoires ; mais le plombago vaut mieux.

MILLE PERTUIS , *hipericum.* Arbrif-feau commun à Cayenne , il y en a de dif-férentes efpèces ; les habitans appellent les uns bois batifte , bois d'artres ; les autres bois d'acoffois , bois à la fièvre : le fuc réfi-neux de ces arbres tiré par incifion, employé à la dofe de fept ou huit grains, eft purgatif ; on l'emploie auffi intérieurement pour appai-fer les démangeaifons des dartres. La décoction des feuilles prise intérieurement, est estimée pour la guérison des fièvres intermittentes.

MIROBALAND, *hernaudia*, grand arbre mou. Les Indiens emploient les amandes du fruit de cet arbre, pour faire des émulsions avec lesquelles ils se purgent. Les nègres usent du bois de cet arbre, étant sec, comme nous faisons de l'amadou; il prend facilement feu sous le briquet.

MELON. Il y en a de différentes espèces à Cayenne; ils viennent très-facilement, on peut en avoir toute l'année: j'en ai vu dans les abattis sur les ances de Sinamari, qui venoient aussi facilement que les potirons, & sans plus de soin. Quelques uns pésoient jusqu'à quinze à dix-huit livres.

MANGLIER, arbre fruitier apporté de l'Inde à Cayenne, où il réussit très-bien. Le fruit y est même meilleur que dans l'endroit d'où il a été tiré; il se mange crud, ou en compote, il est très-sain.

MECHE (BOIS) *apeiba*. C'est avec ce bois que les Indiens font du feu, quand le leur est éteint. Il est extrêmement mou & léger; ils frottent avec vîtesse deux morceaux l'un contre l'autre, ou en tournant l'un fur l'autre.

MATOURI (la) *mathauria*, bafilic fauvage. C'eft un bon vulnéraire, on l'applique écrafé, ou on fe fert de fa décoction; on le met auffi dans les bains aromatiques.

MAINQUAR. Les écoupeaux de ce bois, bouillis dans de l'eau, donnent une teinture noire, qui prend bien fur le coton.

MUSCADIER. Il a été apporté dans la Guiane Françaife, avec les autres arbres à épices; mais comme fes fleurs font de deux efpèces, les unes mâles & les autres femelles, qu'elles viennent féparément, & que nous n'en avions qu'un pied, il étoit ftérile. Nous avons reçu depuis un pied de l'autre efpèce, il a fecondé les nôtres, & rapporte de très-belles & très-bonnes noix maffades.

OSEILLE DE GUINÉE, *Helmia*. On fe fert des feuilles de cette plante dans la cuifine, comme de l'ofeille de jardin ; elle eft naturelle au pays, & y vient facilement. On en fait une boiffon, des gelées & des confitures agréables, rafraîchiffantes & propres à calmer l'ardeur de la fièvre.

OUANGLE, *fefamum.* On fait avec la graine de cette plante, écrafée & réduite en farine, une bouillie fort nourriffante. On tire par expreffion des graines, une huile auffi bonne que l'huile d'olive ; pour faire cette huile, on jette dans de l'eau chaude la graine pilée, on l'écume jufqu'à ce qu'elle ne rende plus de parties huileufes, que l'on met à part à mefure qu'elles paroiffent ; enfuite on fait rebouillir cette huile pour la purifier, on la paffe dans un linge fin. On fait auffi avec les graines rôties, & du miel, du fucre ou du firop, une efpèce de nouga fort agréable au goût.

OUAPA, *parivoa.* Arbre dont le bois eft bon à être employé dans l'eau, dans la vafe & à l'humidité : il y eft en quelque forte incorruptible. Le bardeau qu'on en fait, dure autant & même plus que celui de balata. Le bois donne une teinture violette.

OUASSACOU. Arbre auquel on donne des coups de hache pour en faire fortir le lait, mais avec l'attention qu'il n'en faute point dans les yeux ; il eft auffi corrofif que l'eau forte. On prend autant d'eau que de lait,

lait, que l'on braffe avec un peu de vafe ; on met le tout dans des feuilles qu'on laiffe tremper dans la mare ou trou qu'on veut enivrer. Ce poifon eft fi fubtil, que tout ce qui y vit paroît un peu après fur l'eau : il faut même avoir l'attention d'éventrer tout de fuite le poiffon, fans quoi il fe gâteroit. Eventré, il fe conferve & on le mange comme l'autre poiffon, fans danger.

OUAIE. Ses feuilles font les meilleurés de toutes celles qu'on emploie pour couvrir les maifons. Cette couverture fe conferve dix ou douze ans & même plus, quand on y fait du feu. On fait avec les troncs de cette plante, des bâtons qu'on prend fouvent pour des joncs, en étant une efpèce.

OULEMARY. Arbre dont l'écorce fe fépare en plufieurs feuillets, fur lefquels on peut écrire comme fur du papier.

PALÉTUVIER, *taonaba*. Il y en a de trois fortes ; le blanc, le rouge & le violet. Le bois fait une trés-bonne cendre. On fe fert de l'écorce du violet pour teindre en cette couleur ; elle eft auffi propre à tanner le cuir. Pour conferver les feines & autres filets de pêches & le linge, on les

E

fait bouillir avec l'écorce de cet arbre, à laquelle on joint un morceau de gomme d'acajou.

PAMIER. Les amandes de cet arbre font bonnes à manger ; on peut les fervir dans les meilleures tables.

PARIPOU. Le fruit de ce palmifte fe mange cuit dans l'eau & du fel ; il eft très-nourriffant. C'eft la datte du pays.

PANACOCO, *robinia*, dit par les uns, bois de fer, & par d'autres bois de lètre. Lorfqu'on fait une incifion à l'écorce, il en découle une liqueur balfamique & réfineufe affez abondante. On fait avec la graine qui eft parfaitement rouge, avec une belle tache noire au bout, des colliers & des breloques de montre : l'écorce s'emploie dans les tifanes fudorifiques. Le bois eft regardé comme incorruptible ; il eft commun dans la Guiane. On en fait des bâtons & des règles & autres jolis ouvrages.

PAPAYER. Il y en a de deux efpèces, mâle & femelle. Le fruit de ce dernier eft une efpèce de melon ; il eft rafraîchiffant, bon à manger ; on le fait confire avec de l'écorce d'orange ; on en fait auffi des confitures. Les femences de papaïer ont le goût de poivre. Un fcrupule de ces femences, en poudre, pris pendant quelques jours, fait mourir les vers.

PARALAS. Les Indiens fe lavent avec la decoction de l'écorce de ce bois, quand ils font attaqués des fièvres.

PAREIRA-BRAVA, *abuta*. Elle eft commune dans la Guiane ; la tifane faite avec fes farmens, eft bonne pour les obftructions du foie. On en met un gros bouillir dans une chopine d'eau ; elle tient lieu de faffafras. Elle débarraffe la veffie des glaires, graviers & fables.

PATAOUA. Palmier commun dans les terres ; le fruit eft bon à manger. On en tire une huile préférable à toute autre pour être mangée. On la tire comme celle de l'aoüara. On fait auffi avec le fruit une boiffon délicieufe. Les nègres marons fubfiftent en partie avec cette graine. L'amande eft affez agréable lorfqu'elle a paffé au feu.

PATATE. C'eft la pomme de terre de l'Amérique. Plufieurs la préfèrent à la châtaigne, dont elle a le goût. Il y en a de différentes efpèces, favoir de rouges, de blanches & de jaunes. Elles viennent très-facilement & donnent toute l'année. On les mange cuites fous la cendre ou dans de l'eau, fimplement en falade, ou dans la foupe, ou accommodées de différentes manières comme les pommes de terre d'Europe. Elles font faines, nourriffantes & de facile digeftion.

POIVRE. Il vient bien & facilement dans la Guiane Françaife; il eft d'une bonne qualité. C'eft une plante farmenteufe, qui croît le long des troncs, & s'attache aux branches des arbres. Il prend de bouture, & fi aifément, qu'avec un feul pied on peut en faire plus de cinquante. Il prend racine à chaque nœud où il y a des feuilles.

POIVRE DE NÈGRE. *waria*. Maniguette dont le fruit eft piquant & tient lieu d'épices aux nègres; il eft commun à Cayenne. Il y a encore une autre efpèce de poivre appellé congono; il eft commun le long des murailles & fur les troncs des vieux arbres où il y a du terreau. Pris en guife de thé, il eft bon pour les maux d'eftomac. L'infufion de fes feuilles procure des évacuations par les felles.

PISTACHES DE TERRE , *araxis*. Elles viennent & donnent abondamment à Cayenne. Elles font bonnes à manger. On tire par l'expreffion des graines , légèrement torréfiées , une huile dont on peut fe fervir pour l'affaifonnement des falades.

PIMENT. Il y en a de différentes efpèces. Le piment café eft le meilleur ; il aiguife l'appétit. On peut le faire fécher & réduire en poudre, dont on fe fert comme de poivre; on le confit dans le vinaigre, pour le befoin. Les graines de piment échauffent la volaille & la font pondre.

POIRIER , *couma*. Il eft commun dans la Guiane; on en mange le fruit dans toutes les tables. L'arbre incifé rend un fuc laiteux & réfineux, qui eft comparé à l'ambre gris.

PITE. On la tille comme le chanvre, & le fil en eft fort & fin. Les Indiens l'emploient à faire des cordes, des lignes de pêche, des hamacs; les Portugais du Bréfil en font des bas , des gants & de la dentelle.

PÉKIA. Cet arbre donne un fruit bon à manger, & la fubftance intérieure de ce fruit est une graisse bonne pour accommoder à manger. Cet arbre vient au haut des rivières d'Oïapoc & de Roura.

POINCIADE. Sa fleur est jolie, & son bois amer & fébrifuge.

POIS. Il y en a Cayenne de beaucoup d'espèces différentes. Elles viennent toutes fort bien ; il y en a une dont les gousses ont jusqu'à un pied de longueur. La feuille des pois de sept ans, pilée, est souveraine pour les hémorragies. On lave la plaie avec ce jus, & on applique le marc dessus.

PLOMBAGO. Il est très-commun à Cayenne ; il tient lieu de cantharides pour vésicatoires : il est bon pour tirer les humeurs rassemblées en quelque partie que ce soit. On l'applique dessus le mal, après avoir fait tremper les feuilles dans du vinaigre, pour lui donner plus d'activité.

QUEBITE, appellée par les Indiens, *diaquegonabite.* Elle est bonne appliquée extérieurement, contre les morsures de serpens.

RIZ. Il vient très-bien dans les terres basses de la Guiane ; on en fait plusieurs récoltes par an ; on le mange cuit à l'eau, avec de la graiffe ou au lait, ou accommodé de différentes manières.

RÉGLIS ou PETIT PANACOCO, *rabinia coccinea.* On fait avec les graines des colliers, des braffelets & des chaînes de montre montées en or, très-jolies. Le bois, fur-tout la racine, eft bon en tifane ; c'eft la régliffe du pays, il y eft commun.

RICIN, *palma-chrifti.* Il vient facilement à Cayenne. On tire de fon fruit une huile bonne à brûler. Elle eft auffi purgative, donnée à la dofe de deux onces. On en fait un grand ufage, elle eft recherchée des connoiffeurs. Ce remède eft doux, & n'incommode jamais.

ROCOU, arbre naturel dans la Guiane. Pour en avoir la teinture, on fait bouillir le fruit mûr dans de l'eau, on le frotte entre les mains, la partie colorante tombe au fond, & forme comme un pain de cire. Les Indiens s'en oignent avec de l'huile de carapa pour fe garantir des infectes & de l'humidité ; le rocou eft le contre-poifon du fuc de magnoc.

SABLIER. Les amandes du fruit de cet

arbre, purgent violemment ; la graine fert de fablier pour les bureaux.

SALSEPAREILLE, *finilax.* Cette liane entre dans la compofition des tifannes fudorifiques. On la cultive dans quelques habitations de la colonie. Elle vient natu‑ rellement dans les bois & dans les terres au‑ deffus d'Oïapoc, où les Portugais viennent la ramaffer.

SAOURI , *faoüarou.* Arbre dont le fruit reffemble à une châtaigne ; on le mange comme les cerneaux.

SAPOTILLER. Il donne le meilleur fruit de la colonie, il équivaut à nos meilleures poires.

SCOLOPENDRE. Cette plante eft bonne pour la rate.

SIMAROUBA , arbre commun dans la Guiane. Son écorce prife en décoction, eft bonne pour guérir les fièvres et arrêter les dévoiemens. Cette décoction eft amère, pur‑ gative & quelquefois vomitive ; cet ufage s'eft communiqué en Europe, où il a eu de grands fuccès. Le bois a la même propriété , mais il eft moins amer & moins actif. On le fait bouillir râpé, à la dofe de deux gros,

dans une pinte d'eau, réduite à trois demi
feptiers ; cette décoction eft bonne pour
guérir le flux de fang, les longues diarrhées ;
pour arrêter les pertes et pour rétablir les
digeftions. C'eft avec le bois de Simarouba
et de pierres tranchantes, que les Indiens
font leurs grages (1). Pour tirer cette écorce,
on la bat, & on prend des précautions, fans
quoi, l'eau qui fort des racines donneroit la
gale et des élévations fur la peau, qui incom-
moderoient beaucoup.

SIMIRA. Son écorce trempée dans l'eau lui
communique une couleur d'un beau rouge ;
elle peut-être employée pour teindre en
rouge vif la foie et le coton. Cet arbre vient
fur-tout à l'Orapu dans les lieux humides.

SINAPOU. Cette plante eft bonne pour
enivrer le poiffon.

TABAC. Il eft naturel dans la Guiane &
y vient très-bien. Lorfque le citoyen Ma-
loüet étoit ordonnateur de la Guiane Françaife, le citoyen Cante-Loup en fabriqua
plufieurs carottes, qui furent envoyées en
France, & trouvées d'une qualité fupérieure.

---

(1) Inftrument pour réduire en pâte la racine de *magnoc*,
qui leur tient lieu de pain.

Les Indiens de Makari en fabriquent à la façon du Bréfil, qui eft auffi bon que celui de ce pays; j'en ai envoyé plufieurs carottes au citoyen Dupuget, alors fous-gouverneur du dauphin; il a été trouvé à Paris d'une excellente qualité.

TABERNA. Le lait de cet arbre rend le rocou plus rouge et plus beau.

TAMARIN. Le fruit de cet arbre eft acide, rafraîchiffant; on en fait une boiffon agréable, en délayant la pulpe dans de l'eau; on en fait auffi une bonne conferve, en mêlant trois portions de pulpe à deux de fucre; cela fert également à compofer une boiffon rafraîchiffante, agréable, & un préfervatif contre le fcorbut dans les voyages de mer.

TARINI. Les feuilles fervent à teindre le coton en violet & en pourpre.

TAIOVE. Les feuilles de cette plante fe mettent dans le calalou; fa racine eft très-nouriffante, elle rapporte trois fois par an; on en fait une bouillie qui eft très-bonne; on la mange auffi comme les autres légumes dans la foupe, ou en ragoût avec de la viande, comme les navets.

TIBONE-APRES. C'eft une efpèce de périantum ; l'infufion de fes fleurs eft bonne pour les maux de poitrine & dans les toux sèches ; elle rend une odeur aromatique & agréable.

TOURLOURI. Sa feuille longue de quatorze ou quinze pieds, fert à couvrir les maifons.

VERVAINE , *verbena.* Cette plante eft commune à la Guiane ; une poignée de fes feuilles pilées & mêlée avec un jaune d'œuf & une cuillerée d'huile d'olive, eft le remède le plus fûr contre le mal de rate, de reins, & les points de côtés, & même contre les coups. Elle eft purgative ; la hauteur d'un travers de doigt de fon jus, paffé dans un linge avec plein un dé de gomme gatte, délayée dans un petit gobelet d'eau, eft la purgation ordinaire des nègres.

VERGE D'OR. La poudre de cette plante, tient lieu & produit les mêmes effets que le tabac.

PIED DE POULE. La décoction de cette plante eft bonne pour calmer les convulfions auxquelles les enfans font fujets.

VANILE , *épidandrum.* Elle vient naturellement fur les troncs d'arbres auxquels elle s'attache; avec un feul pied, on peut faire plus de cinquante plants; elle prend racine à chaque nœud; elle vient à l'ombre dans les bonnes terres humides.

OBSERVATIONS.

Le bouillon de tortue, caoüane, caret & tortillon, communs dans le canton de Sinamari, guérit les pians & plufieurs autres maladies, dans lefquelles le fang a befoin d'être rafraîchi & purifié.

On dit qu'il y a fur le grand Conétable une fource d'eau minérale.

F I N.